相信你自己。

人百己千。

韩在佑

혼자 하는 공부의 정석

高分自学法

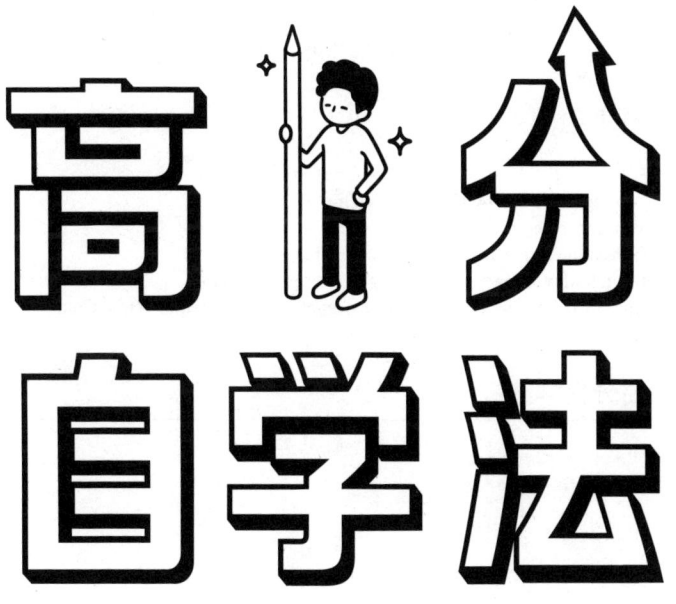

［韩］韩在佑 /著　　陈品芳 /译

九州出版社
JIUZHOUPRESS

图书在版编目（CIP）数据

高分自学法 /（韩）韩在佑著；陈品芳译. -- 北京：九州出版社，2023.11
ISBN 978-7-5225-2270-8

Ⅰ. ①高… Ⅱ. ①韩… ②陈… Ⅲ. ①自学－学习方法 Ⅳ. ①G791

中国国家版本馆CIP数据核字(2023)第193789号

著作权合同登记号　图字：01-2024-0243

혼자하는 공부의 정석 (The Essence of Study Alone)
Copyright © 2019 by HAN JAE WOO
All rights reserved.
Translation rights arranged by Wisdom House, Inc.
through May Agency and CA-LINK International LLC.
Simplified Chinese Translation Copyright © 2024 by Beijing Xiron Culture Group Co.,Ltd.

高分自学法

作　　者	[韩]韩在佑　著　陈品芳　译
责任编辑	周红斌
出版发行	九州出版社
地　　址	北京市西城区阜外大街甲35号（100037）
发行电话	（010）68992190/3/5/6
网　　址	www.jiuzhoupress.com
印　　刷	三河市中晟雅豪印务有限公司
开　　本	880毫米×1230毫米　32开
印　　张	9.125
字　　数	175千字
版　　次	2024年2月第1版
印　　次	2024年2月第1次印刷
书　　号	ISBN 978-7-5225-2270-8
定　　价	68.00元

★版权所有　侵权必究★

目 录

序

现在，是最适合独自学习的时机　01

前 言

为什么有些人很会读书？　07

01

"相信自己"就是奇迹的开始

从倒数第三到前三名　004

"天资聪颖"中隐藏的秘密　015

量造就质　028

提升真正实力的独学力量　038

02

适合大脑的学习原理

让大脑动起来的守则　056

读书时，大脑内究竟发生什么事？　069

"专注"的真正意义　076

先学习再熟悉，才是真正的学习　086

避免笼统的学习方法　095

03

提高学习效率的五大法则

学习始于"运动" 106

"目标明确"就能学得彻底 127

看似容易的"重复"是高效学习的秘诀 140

进入心流状态,深度专注的方法 151

善用零碎时间,兼顾玩乐、睡眠和学习 165

04

做好生活管理,是迈向成功的捷径

依循大脑使用手册改变习惯 184

按时吃饭且八分饱,才能学得好 193

做好睡眠管理,让我们边睡边学习 201

"意志力"与"优先级"是做好时间管理的核心 209

最好的规律管理,造就最好的生活 218

☕ 精神管理、安抚心灵的方法

为什么会感到挫败？　232
为什么会不想学习？　237
为什么会感到绝望？　244

后　记

改变我们人生的时刻　255

附　录

培养独学子女的捷径　259

序

现在，是最适合独自学习的时机

我在 2017 年时，动笔写下本书的初版。这是在"独学"一词被社会广泛使用之前的事。比起"独学"，独自吃饭的"独饭"、独自喝酒的"独酒"获得更多人的共鸣，也使得社会上开始流行许多可以独自做的事情。与此相对，独自学习的"独学"距离成为人气关键词，还有一段路要走。

即便如此，我依然继续写这本书，并不是因为预料到独自学习即将流行，我的出发点其实与这些因潮流而成为讨论中心的话题正好相反：我想写一本媲美"学习方法圣经"的书。修剪掉无谓的细枝末节，只留下根与主干，综合了基础与核心的内容，成为一本任谁读了都能掌握学习方法的书。我的责任编辑曾经说过："希望你写一本能一直沿用下去的书，让我的小孩长大之后也能读。"

这是一种过去通用、现在通用、未来也通用，绝对不会过时的学习法。我一直烦恼这种方法的核心究竟是什么，最后我的结论就是"独自学习"。

如果想读好书，那就要增加独自学习的时间，用正确的方法学习才对。补习班、家教、网络课程等各种外力的帮助，不过是把马牵到水边而已，喝水这件事还是要靠马自己来。各项考试的第一名、第二名，全校第一名等在学业上达到顶尖水平的人，与其他人在学习法上最大的差异，就是"用正确的方法尽可能增加独自学习的时间"。

到了2018年，这本书成功之后，"独学"开始受到关注，介绍独学方法的书籍纷纷上市，光化门的大型书店还规划了一个"独自学习模式"书区，同时陈列多本介绍学习法的书。"独学"在学习法分类当中成为重要的热门关键词，也因为学习的核心就是独学，所以这也是我乐见的情况。本书成为滥觞，让许多人开始谈论独学，令我非常开心。也希望独学不要只是一时的风潮，而是能够长久持续下去。因为，潮流会在意想不到的地方改变。

面对无常的外在环境，掌握独学能力

2020年初，新冠疫情肆虐全世界，学生无法到学校上课，只能接受在线视频授课的时间拉长，学生们的学习能力开始暴露出许多问题。除了部分顶尖的学生之外，大部分学生的学习能力都急速下降。原因很明确，就是缺乏自我主导的学习能力，也就是说，他们不懂得如何独学。过去在学校与补习班的强迫之下，必须从早到晚黏在书桌前的学生，独自在家的时间一长，注意力就会被学习以外的事情抢走。游戏、网络漫画、YouTube、网飞等娱乐内容和渠道开始重新建构大脑，让学生与学习渐行渐远。

此外，活动量大幅减少也对学习带来影响。人们在2020年春天开始感觉到问题的严重性，跟读书学习法有关的书逐一登上畅销排行榜，到处都在谈论独自学习。我开始参加以"新冠疫情时代的独学"为主题的节目，四处分享相同的内容。

很多人都向我抱怨，新冠疫情的长期化使他们的读书能力下降，而在学生中抱怨的比例又高过重考生。说这话虽然很不好意思，但我并不觉得是疫情导致读书能力变差。虽然经济不景气、日常娱乐减少，让人开心的事也少了许多，不过读书这件事并没有受到任何负面影响，甚至可以说现在是最适合读书的时期。利用Zoom进行非面对面授课，聚会因保持社交距离政策而受限，无法出门使得待在家的时间拉长，这一切都代表着我们拥有很长一段时间，能够不受阻碍地专注于学习。而最好的学习法就是"用正确的方法并尽量拉长独自学习的时间"，不是吗？现在就有这样的条件。实际上，牛顿在大学时期将微积分系统化、用三棱镜研究颜色、看见掉落的苹果而发现了万有引力，都是因为1665年他为了躲避鼠疫而待在乡村的老家中，才有可能办到。

对正在学习的人来说，现在就是机会。只是，为了让机会属于自己，必须了解独学，了解独自学习的方法。我能理解不熟悉独学方法的人会觉得这个时期很混乱，不过我希望各位别把这件事当成孤独的课题。就像每个人都曾经学过骑自行车一样，想读书的人都一定学过独自学习的方法。既然学习这条路还很长，那不如尽早熟悉这个方法。我们已经骑在自行车上了，现在只能踩着踏板前进。

本书出版之后，我收到许多来自读者的信件与感谢。有学生说读完这本书之后第一次考了全校第一；有学生说终于知道为何过去无论如何拼命读书，成绩都原地踏步；有大学生说学生时期没上补习班也总是能保持全校第一，而这本书中完整收录了自己的读书方法。其中让我印象深刻的是，一位考生来信说，透过这本书，惊觉原来自己一直以来都不是在学习。

虽然写书的人是我，但完成这本书的却是各位。因为各位借着实践，才验证了这是一种不变的学习法，是能够长久流传的学习法。

现在，我希望手中捧着这本书的各位，能相信自己可以把书读好，也希望各位能透过独自学习，让这份信念成真。在英文中，"独自"是"alone"，而"alone"其实代表"all one"（所有人是一体的）的意思。换言之，当你选择独自一人时，我们就能将自己的一切集中在一件事情上，这样一来就能将独自学习的"独学"，转变成投入灵魂的"魂学"[1]，共勉之。

---

1 译注：在韩文中"独学"与"魂学"发音相同。

前　言

为什么有些人很会读书？

我一直很好奇："为什么有些人更会读书？"

我生长在京畿道的边陲地带，虽然现在那里人口逐渐增加，但仍不具备良好的读书条件。小学时一学年只有 50 人，最多编到八个班级，初中时人数则稍微多一点。一直到我高中二年级之前，搭市区公交车去上课时还会在路上看见牛在耕田。当时会去私人读书室、补习班的学生不多，教室就像家中用来种豆芽的容器那般挤得水泄不通。我们日复一日过着相同的生活，有人擅长读书，也有人不擅长读书，但我总是很好奇，为什么有些人更会读书？

进入大学之后我更感到好奇。

补习班、网络课程、设备良好的读书室、分享信息的网络社团、读书会等，辅助学习的基础设施如雨后春笋般出现，在害怕落后的恐惧的驱使之下，如洪水般涌现的各项设施令许多人晕头转向，但我的大学同学却大多不为所动。是因为他们从初中、高中开始，就一直是"不花钱"读书的人吗？就像考出全国第一的学生在采访里说"以教科书为主，充实学校课业"一样，在大学里遇到的"擅长读书的人"能拿到好成绩，都与这些读书的基础设施无关。

看着他们，我感到更好奇了：为什么有些人更会读书？

大学毕业后开始社会生活，我的疑问仍没有获得解决。投入职场之后，闲暇时间大幅缩减。大家都口口声声说要提升自我能力，却没有时间学习，纷纷感叹"还是当学生好"。不过，即便如此，仍有人能学习新东西，有些人能拨出指甲般的零碎时间学习，并用这样累积起来的学习改变自己的人生。看着他们，我觉得很好奇：为什么有些人更会读书？

学习就像骑自行车，找到诀窍就永远忘不了

这个问题困扰了我很久，而我也很好奇它的答案。幸好，我身边有能让我找到答案的三个宝箱。

第一个是在大学遇见的人。

我很幸运，与非常会读书的人一起度过大学生活，身边尽是能轻松在全国排上名次，或考取各县市第一、二名的"学习之神"。还记得大一迎新酒会上，大我们两个学年的学长学姐半开玩笑地说："你们以后别再提高中时的事了，这里有谁不是全校第一？"我看了看身边的人，跟他们讨论究竟该如何读书，并在过程中学到不少诀窍。然后我也发现，擅长读书的人在读书、生活、精神管理的方法上，都有一些共通之处。

第二个是透过书本得到的知识。

大学时我最喜欢独自在中央图书馆阅读，虽没有特别的读书计划，但我仍然会准时到图书馆报到。回想当时，我心中一直抱着一个很大的疑问：我认为无论读哪个领域的书，最后总是会联结到同一件事，那就是"该怎么样才可以让我变得更好"。而把书读好这件事也包括在内，所以不光是人文学科，经营管理、冥想、心理学、脑科学、宗教学等领域我都有所涉猎，这些完全不相干的知识当中所藏的提示，其实都指着同一个方向。

第三个是我自己的失败经验。

其实20多岁时我曾经十分彷徨，尤其从"主修科目"的角度来看更是如此。我什么都不懂，所以曾经在期末考试时交白卷，也曾因为不去上课而被学校警告。我就这么度过大学生活以及大学毕业后的几年，一直等到退伍后约莫31岁，我才再次"振作起来",回归类似普通人的生活。那段彷徨的时间并不算短,不过20多岁时"失败"后再站起来的经验,让我得到不少收获。我了解了何谓挫折,了解了何谓不想读书的心,了解了何谓低潮,也了解到我们之所以没办法把特定的一件事情做好,其实是因为我们的行为有问题。我的一位恩师曾说:"这是很好的经验,因为你亲身经历过,所以感受更加深刻。"

以上是属于我的宝箱。现在,我只要有空就会看看这些箱子,寻找"为什么有些人更会读书"的答案。

起初我认为答案是"天生的",但那是错的。虽然有人天生"资质"就好,但"资质"并非不变的,更不是"天生的"。就好像身体肌肉要多用才会越来越发达,否则只会逐渐萎缩,好的"资质"只是人们认真学习的结果而已。

接着,我想的是"学习量"。学习量非常重要,而赋予学习动机以确保学习分量充足这点,也很重要,所以开始学习之前,我会写一天只要阅读一页。不过这仍然不够。有些正在读书学习的人会辩称:"一整天都在学习,但还是考不好。"事实上单就学习量来看,完全无法说明为什么有些人就是比较会读书,学习量其实只能解答这个问题的一半。

之后某一天,我在瑞典心理学家安德斯·艾利克森(Anders Ericsson)以音乐学院学生为对象所做的研究当中,找到了提示。当学生们被问到哪些活动与提升实力息息相关时，所有演奏乐器的学生都给出了相同的答案，那就是"独自练习"。"独自练习很重要"，因此从这时起我便开始思考，也渐渐觉得一切豁然开朗。

就像骑自行车一样，那些我们虽然知道诀窍，但很难用言语说明的学习方法，我透过经验掌握的学习方法，以及我所遇见的"学习之神"们使用的学习方法的核心就在于此！即使听了知名讲师的课程、尝试复杂的学习法、丝毫不错过任何最新信息、花大钱投资课业，我们依然无法把书读好的原因，就在于学习必须靠自己。

没错，要独自学习，这样实力才会进步。我是这样，我见证的"学习之神"也是这样，大家都尽量花时间独自学习。我与朋友的经验、知名人士的成功案例、心理学与管理学的研究，从2500年前孔子与释迦牟尼的教诲到最新的脑科学研究，所有资料都在诉说着同一个方法。当那个方法越来越明确，我就越来越清楚地知道为何独自学习才是答案。

"为什么有些人更会读书？"从第一次思考这个问题的高中时期至今，我花费20年所找到的答案，就是："因为这些人花很多时间，用正确的方法'独自'学习。"

人们对于花费许多时间努力学习，实力却没有进步而感到痛苦。这是必然的结果。许多人汲汲营营地花一整天上课、报名更昂贵的补习班、追逐他人的读书秘诀，却因为不知道该如何读书而感叹："再也受不了了，可能是我资质不够好。"不过，之所以做了这么多努力仍不见起色，并不是因为资质不好，而是因为"做很多努力"的方法错了。

我们需要的不是整天上课，也不是报名昂贵的补习班，更不是追逐他人的读书秘诀，而是坐在座位上独自学习。要朝"用正确的方法增加独自学习的时间"这个方向，倾注更多努力才对。

终生受用的独学技能

现在，我们必须改变学习的方式。尽量减少在外活动的机会，立刻坐在座位上增加独自学习的时间。对学生、考生、应试者、准就业者、家长等所有（必须）读书的人来说，独自学习就是解答。原因如下：

第一，这样的确能把书读好。大脑储存记忆时，会遵循一定的程序。如果不按照程序，无论如何努力，知识也不会进入脑袋，但若想正确遵循程序学习，就必须独自学习。因为从脑科学的角度来看，独自学习是最有效率的学习方法。

第二，缩短时间。对学习的人来说，与提升实力息息相关的重要活动就是独自学习。能最快提升实力的方法，就是尽快学完自己该学的东西。独自学习将比过去花费更少的时间，却能学到更多的内容。

第三，不花钱。与学习相关的基础设施越来越多，花费在学习上的费用也水涨船高。如果有人因为这样，而认为没有钱就无法学习的话，那实在是大可不必。独自学习不花钱，只要有书跟书桌，想读多少就读多少。

第四，没有一起学习的人也没关系，要记得学习原本就是自己一个人做的事。就像"独饭""独酒"等流行语一样，这个时代无论独自做什么都很自然。很多人其实也想一个人学习，但因为孤单或不安而无法这么做。别担心，学习本来就是自己一个人做的事，也要自己一个人才能学得好。如果没有一起学习的人，那反而可以把这当成开始独自学习的好机会。

本书是为学生、上班族、家长等需要独自学习的所有人而写的。该怎么学习（学习的原则），该如何管理饮食、睡眠、时间、规律等日常生活（生活管理），该如何因应独自学习时容易面临"精神崩溃"的问题（精神管理），以及为何脑科学认为人人都能读好书（自我信赖、学习原理）等，都是这本书的主要内容。

我将把通过主持鼓励学习的播客"首尔大学生如何学习"、参加教职员职务研修"生涯中最好的学习"，以及透过各式各样的讲座渠道搜集到的问题与烦恼，一起放入这本书中。虽然这是一本关于独自学习的书，但只要熟悉了这些方法，就能完全掌握增加独自学习时间的技巧。

"模式"的意思是"处理特定事情的固定方式"。为了寻找"为什么有些人更会读书"这个问题的答案，我开启了所有的宝箱，从中领悟到相同的方法，而我认为那就是"读好书的固定方式"。真心希望能透过这本书，让所有在学习的人掌握固定的模式，这样一来学习便不再是困难、令人痛苦的事了。

『相信自己』就是奇迹的开始

01

你相信自己吗？

开始前，我要请独自学习的所有人，都一定要相信自己。相信自己的时候，就会产生"让我来试试看吧！"的想法，当这样的想法与学习相遇之后，你就会同时领悟到："我也真的做得到。"而这种成功经验就是学习的乐趣，感觉到乐趣之后学习便会更投入，这样自然越学越好；这也是为什么相信自己就是独自学习的起点。幸好，学习真的是人人都能做好的事。这不是为了让人怀抱希望而做的无谓加油，而是真相就是如此。这一章将会提供证明。

首先，我将以身边广为人知的奇迹为例，奇迹的主角跟我们一样，都是平凡人。这些人并不突出，却能创造惊人的奇迹，并不是因为他们有适合学习的优秀资质，也不是因为他们有天生的才能。人们过去对资质的想法是错的，实力的差异并不在于资质，而取决于从事了多少能提升实力的活动，而那项活动正是独自学习。

在此，我们将深入了解心理学家安德斯·艾利克森的实验，以及"10000小时法则"，还有许多人创造伟大成果的事迹。以"量造就质"的事实为基础，掌握提升质量的正确学习法之后，就能明白为何必须增加独自学习的时间。

受到新冠疫情的影响，无法实际见面的视频授课成为我们的日常，因而人们对自我的信赖也出现极大的差异。为什么呢？因为过去在学校的"强迫"下仅维持最低学习量的人，他的学习量会因此而消失，使得对自我的信赖完全消失。与此相对，将独处的时间当成机会，积极增加学习量，便能使我们短时间内产生自我信赖。若能了解对自己的信赖就是源自独自学习，就会明白这段时间首先该做的事情究竟是什么了。

从倒数第三到前三名

这是我做家教的学生的故事。他是一名初中三年级的男学生，我负责教他英语和数学。第一天上课时我去他家，却感觉有点奇怪。通常家教第一天都是这样的：学生的母亲在客厅，餐桌上有切好的水果，正式开始上课之前，母亲会叮嘱家教老师一些事情，例如"孩子很聪明，但就是不够有毅力，请教教他学习的方法"。

但那次只有学生一个人在家，明明那是上课第一天。虽然对这情况有点陌生，但我仍若无其事地开始上课。首先我问："你成绩有多好？"结果这位学生回我："不怎么好。"其实"不怎么好"这句话，对于掌握学生实力毫无帮助，因为可以推测的成绩落点范围实在太大了。依照过去的经验来看，他有可能成绩很好，只是因为谦虚所以回答"不怎么好"；也可能是成绩真的很不好，但实在不好意思说出"我真的成绩超烂"，所以才闪烁其词，可能性真的太多了。

我叫他把英文与数学课本拿来。我先翻开数学课本，并用手指指出学校目前的进度，选了一个不简单也不困难、难易度适中的问题。我对他说："你先试着解题看看吧！"接着他的铅笔开始在练习本上飞舞起来，不过我仔细一看，发现他的笔根本只是一直在原地画圈打转。对数学有自信的人，根本不可能这样写字。有自信的人会轻松写出算式，且算式会越来越短，最后得出答案。铅笔一直在原地打转，就是代表他数学不好。我想至少这名学生不属于第一种情况，也就是他不是那种明明很会读书，却因为谦虚而说自己成绩不太好的人。

接着翻开英文课本，我指了一段课文请他解释给我听。果然不出我所料，他同样支支吾吾，声音忽大忽小。我们之间稍微沉默了一下，接着我露出微笑，用温柔的声音不带任何责备意图地跟他说："你真的不懂，对吧？"学生老实回答说"对"，接着像放下重担一样，吐了一大口气。

我点头说"没关系"，接着开始问他许多问题："这个你懂吗？那个你懂吗？"每个问题他都摇头。每次问他课文、单词跟语法时，学生的头就会像钟摆一样晃个不停。即使问题越来越简单，他仍然一直说"不会"，于是我问："你能不能说说主格—所有格—宾格是哪些？"答案是"I – my – me – mine"，没想到学生竟畏畏缩缩地，费了好大一番力气才答出来。怪了，人称代词是我们学英文时最先学到的内容，不是吗？初三的学生，怎么会连这都不懂？这时我才确信，很不幸的是，这名学生的"不怎么好"是"我真的很不会读书"的意思。

后来我才发现，他的父母都是生意人，因为工作忙碌的关系，从小就几乎没花时间在他身上。这也是为什么家教第一天，只有学生自己一个人在家。

了解了学生的情况之后，我请他拿成绩单过来。所有科目的成绩都是三四十分，排名班上第三，当然是倒数第三。不过我觉得这名学生并不只是基础不好，而是有更严重的问题。都到了初中三年级，他还没有真正考过一次好成绩，所以他根本不觉得"我也做得到"，就像有生以来一直被困在养鸡场里，从来不知道自己能飞的鸡一样。

于是我说："看来你还完全不知道书究竟该怎么读。现在该着急的不是英文、数学这些科目，而是学习的姿态。我会教你怎么学习，你要照我说的试试看吗？只要你照我说的做，我就不会布置任何作业。"

瞬间，学生的眼神亮了起来，不会布置作业这个条件让他非常高兴。过去一直跟作业"搏斗"，肯定让他疲惫不堪。他看起来对"学习的方法"很有兴趣，我也觉得这有希望。接着学生点了点头。

"我也做得到"的学习法

"从现在开始，我要告诉你学习的方法，接下来，你只要做两件事就好。

"第一个原则，学校上课时间好好听老师讲课。

"第二个原则,复习上课时间学的内容。

"做好这两件事就好,不过你必须完全照我说的去做。

"第一个原则,上课时间要好好听老师讲课。例如,假设你现在在上历史课,笔记要好好做,老师要你画线、画星都要照做。就算是数学或英文这些不懂的科目,就算是你讨厌的科目,上课时也绝对不能胡思乱想或是分心。就算不懂也要听、要抄、要看,这就是我说的上课时间好好听老师讲课。

"接着是第二个原则,复习。下课之后,其他人一打铃就会把书合上起身离开吧?你绝对不能这么做,你必须当场做第一次复习。通常一堂课是50分钟,而50分钟的进度顶多就是课本的几页而已,但我不是要你一直读那几页、把那几页背下来,而是要你像读小说一样读一遍。里面都是你刚听完解说的内容,读起来应该不会很困难,花不到5分钟。接着再去洗手间或是要聊天都可以。如果真的没办法利用下课时间做这些事,那也可以改用午餐时间。总之,第一次复习就要这样做。

"这样一天结束了,对吧?接着你把当天上课的课本、笔记全部拿出来放在旁边,然后再读一次。也不需要给自己太大压力,就像读小说一样一直读就是了。这是第二次复习,每天晚上都要复习当天上的课。

"最后到了周末,就必须拿出所有的课本跟笔记,重新阅读当周教的全部页数。这是第三次复习。英文要发出声音来读课文，数学则尽你所能解题就好。这三次复习都要做到，就是第二个原则，你可以吗？"

"我也做得到"的学习法

学习原则

- 第一个原则：上课时间认真听老师讲课！
- 第二个原则：复习学过的内容！

复习原则

- 第一次复习：上完课后立刻进行，利用休息时间。
- 第二次复习：每天晚上进行，复习当天上过的科目。
- 第三次复习：周末进行，复习所有科目。

学生答应要照我说的去做。后来,家教课上得一点也不辛苦,我们周末上课,只是确认他有没有照我说的做而已。就这样过了三个月,接近学校期末考试的时间了。考试结束后,我打电话问他考得怎么样,学生回我说"考得很好",声音听起来很有自信。倒数第三名的学生说话声音竟大声且开朗,差点让我扑哧笑了出来。

　　考试结束后又过了两周,成绩单出来了,结果如何呢?这位同学考了第三名,这次是真的第三名,是从前面数的第三名。究竟拿了几分,竟然会是第三名?英文和数学的分数和过去没有太大差异,不过其他所有科目都在90分左右。我惊讶地问他究竟是怎么回事,怎么会突然考得这么好。学生的表情却意外平静,然后他说:"到了考试之前我把课本打开,发现老师说了什么我都记得。"

　　临近考试的学生通常会为了读书把课本打开,却对内容感到非常陌生,几乎不记得之前学过的内容。学生们抱着课本,内心忐忑不安,内容全都记不起来,花费在读书上的时间比预期的还多,导致最后无法战胜压力而跑去玩手机或离开座位。这名学生过去也是这样,但这次不同了。

　　考试前他翻开教科书,发现内容全都记得,书上写的字、标示重点的地方全都非常熟悉。当他正式开始读书后,课本上的内容便会开始进入脑袋,接着他突然觉得"我也做得到"。

学习速度变快了，人自然就会产生信心，会把教科书背下来、解习题，也会愿意多看一次写错的问题。考试前的学生就是这样读书的，也因为这样，所以他才会以平均90分的成绩拿下全班第三。不超过三个月，倒数第三的学生就成了全班第三。让这名学生发生改变的，就是"我也做得到"这一个想法。

我们也能成为奇迹吗？

只花三个月，全班倒数第三名就能成为全班第三名，人们都会认为这是奇迹。或许会认为这名学生原本就很聪明，或是认为这是极为罕见的例外，不过我的想法不太一样。第一次看到这名学生时，我完全不觉得他非常有潜力。他只是个不知道该怎么读书的普通初中生。要说有哪里不一样，那只有一处，就是他真的实践了我说的方法。

如果说这种成就可以被称为奇迹，那么我身边就有很多奇迹的主角。

高中时有个朋友原本的成绩在班上中段，到了高中二年级之后他开始认真读书，最后考上自己理想的大学。还有人是到了高中三年级的春天才开始认真读书，直到八个月后入学考试当天，分数整整提高了60分。我认识的人当中，有高职毕业却只靠大考成绩挤进知名大学的人，也有一直到高中一年级都还在准备考体育大学，后来志愿转向人文大学，最后考进首尔大学法律系的人。

我现在立刻能想到的身边的例子就有这些。无论是新闻曾报道过的例子，还是从那些大学录取记录当中刻意搜集来的例子，你会发现奇迹的主角其实非常多。大家身边应该都有这种人吧？成绩突然飙升、意外通过某个考试、实力不断进步并快速升迁……大家应该多少都认识一两个这样的人。那些让人觉得"哇，能像他这样真好"的奇迹主角，并不是远在天边、遥不可及的存在，那样的人其实很多，而且就在我们身边。

那么，我们也可以变成那样吗？该怎么做才会变成那样？

第一个问题的答案是"可以"。每个人都可以变成那样。无论目标是提升成绩、考进大学、通过特定的考试，还是提升工作能力都可以，只要是想学习什么、让自己更加精进，那就人人都可以。现在没有信心也没关系，只要读完这本书剩下的部分，你就会知道人人都可以，也会知道这种事情将不再是奇迹。

第二，该怎么做才会变成那样？这个问题的答案，其实就在前面那个初中生的故事中。全班倒数第三名的学生，是怎么在三个月内成为真正的全班第三名的？一个就连写作业都嫌烦、毫无学习动力的学生，怎么能在没有人督促的情况下，拥有与课本、习作、写错的问题奋战到最后一刻的学习姿态？答案就在于领悟"我也做得到"。

翻开书就想起书中的内容、感觉书中的内容实际读进了自己的脑袋里，这会让学生领悟："我也做得到。"而这样的领悟正是成就的核心。我们在感觉自己能做到时便会非常专注，透过那样的专注，就能顺利完成眼前的事情。累积成功经验，我们就会成为不同的人，这时身边的人都会认为我们是奇迹的主角。所以，每个奇迹的主角，都是从这一点"我也做得到"开始的。

学习之所以无趣，是因为不会独自学习

知道自己能做到，这叫作"后设认知"；善于学习的核心力量，就在于知道自己能做到。必须知道自己做得到，才会感觉到有趣，也才会更认真地去做。不光是学习，这也是所有成就的共通秘诀。

试想一下，你打算瘦身，一个要瘦身的人会在什么时候感受到乐趣？发现穿很久的牛仔裤变松了的时候，跟任何人见面都被说"你是不是瘦了？"的时候，这时你会非常开心，也会下决心更认真地运动。学习也是一样，发现自己能做到时便会觉得有趣，感到有趣后便会更认真。

其实真相就藏在"趣味"这二字中。"趣味"原本来自"滋

味",滋味的"滋"是"滋长"的"滋",也就是增加的意思,而"味"则是"味道"的"味",在逐渐成长时所感受到的滋味,那就是趣味。有些人希望能从学习中获得乐趣,刻意去上能让学生哄堂大笑的讲师的课,或是去找画成漫画的入门书来读,但这些都搞错了重点。真正的乐趣,只有在个人实力提升时,也就是感受到"做得到"时才能够品尝到。换言之,"实力必须提升,才会感觉到乐趣"。

那么,该怎么做才能感觉到"我也做得到"呢?这其实是在问该如何把书读好。过去去上补习班、上网络课程、试过各式各样的学习方法,为何还是没有"我做得到"的自信呢?这是在问为什么读不好书。这两个问题是一样的。把书读好的方法,跟读不好书的理由是一体两面的硬币,答案就在这里:"独自学习"。我们必须独自学习,否则绝对无法把书读好。为什么?这个答案在本书中将会反复出现,我们先在这里简单看一下吧!非常粗略地说,所谓的学习可以分成以下三个阶段。

一、阅读。

二、背诵。

三、确认是否记住。

"做得到"的感觉,会在达到阶段三时出现。这里的阶段一到阶段三，都必须靠自己的力量才能完成。好的参考书、知名的课程、智慧学习工具都不是学习，只是辅助从阶段一到阶段三的工具而已。就像即使我们能拉着马到水边，但喝水这件事还是取决于马一样，阶段一到阶段三都是只能靠自己完成的学习过程。

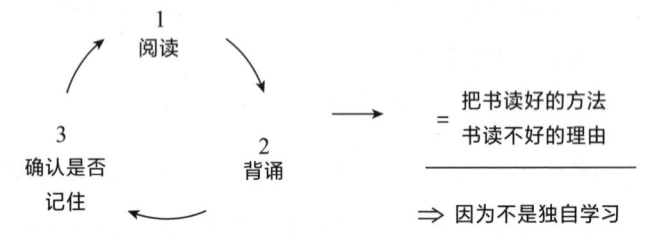

学习，是三个阶段的循环

然而，人们却总避免独自学习。其实，只要独自坐在座位上阅读、背诵、确认就好，但人们却不做这件事，反而不断寻找更好的书、更好的课程，以求能将要学的内容塞进脑袋。这就好像在河边四处寻找更好的杯子，希望能彻底缓解自己的干渴一样。也因此虽然长时间待在河边，但仍不知道解除干渴的方法。答案很简单，立刻坐下来咕噜咕噜地喝水即可。

立刻把书打开，阅读、背诵、确认，这是一个可以独自完成的过程，即使没有好杯子也能马上喝到水。一旦体验了这个过程，他就会非常确信自己知道该如何缓解干渴，会产生"做得到"的感觉。有好杯子固然很好，但杯子本身并不是水。如果想把书读好，那么无论从什么时候开始，都必须独自学习。

打造迪士尼乐园的事业家华特·迪士尼（Walt Disney）曾说："对掌握实现梦想秘诀的人来说，没有什么是不能征服的。这个秘诀可以浓缩成4C——好奇心（Curiosity）、自信（Confidence）、恒心（Constancy）以及勇气（Courage），其中最重要的就是自信。"

独自学习时产生"我也做得到"的感觉，在学习时就没有什么是不能征服的。如此一来，人人都能成为奇迹的主角。

"天资聪颖"中隐藏的秘密

有句古话叫"片饷证验"。这里的"饷"是指远行时带在身上、方便食用的干粮，类似干面包或是锅巴等，"片"则是碎片的意思，而"证验"则是"成为证据的经验"。因此"片饷证验"这句话，可以解释为"仿佛亲自尝过一片干锅巴一样的经验"。"片饷证验"，这句话出自传授呼吸与冥想法的古书《龙虎秘诀》。

第一次尝试冥想的人通常都不太清楚究竟该做什么、该怎么做，看到冥想只是静静坐着呼吸的样子，便觉得无趣且累人，每个人都不例外。不过教导冥想的人却说，初学者本就如此，并建议他们即使不顺利也应该继续尝试下去。于是你带着"应该真的有点什么吧"的心情继续试下去，接着会突然之间遇到让你吃惊的时刻。无论是心情变得平静，还是脑袋变得清楚，都会是有点特别的经验。在那一瞬间，你会觉得这似乎"还不错"，然后稍稍感觉到冥想的乐趣，真的只有一点点的乐趣。体会到这样一小点的乐趣的时候，就是直接品尝一片干锅巴的时刻。《龙虎秘诀》中提到，必须品尝到这样的乐趣，修炼才会有趣，而这就是"片饷证验"的道理。

　　学习也一样，一开始你肯定摸不着头绪，会怀疑："这样做真的可以吗？"而一般人在这时通常会想，原来这就是学习，然后继续默默地做下去，接着突然有一天，会发生一些让你惊呼的事情。无论是突然记起课文内容了，还是突然会解题了，你都会在那一瞬间感觉到"原来真的可以"。而这就是"片饷证验"。从那时开始，你会对自己的学习方法产生信心。古书里说的"片饷证验"，就是"学习的初始"。但问题在于，在产生这种"做得到"的感觉之前，需要花费较多的时间。

　　现在，我们都知道只要开始独自学习，人人都能把书读好，不过如果只是嘴巴上说知道，却不打从心底相信这件事，那也是没有用的。

美国演员威尔·史密斯（Will Smith）曾在一个电视脱口秀节目上说道："认为做得到跟做不到，两种想法都对。"为什么完全相反的两种想法都正确呢？因为如果认为自己做得到，这份自信便会产生实际能做到的能力；相反，若认为自己做不到，则会因为意志消沉而使能力消失。

因此，独自学习者如果怀疑自己，抱持"我真的没办法相信，我真的做得到吗"的想法，便很难体验到"做得到"的感觉，因为他们根本没有好好试过，也正因如此我才会认为应该先告诉各位，其实每个人都能把书读好。这里有很多"做得到"的证据，**想要做好独自学习，就是从真心相信下面这句话开始的："学习是人人都能做好的一件事。"**

没有人天生适合学习

学习是人人都能做好的一件事。尤其这里所说的学习，并不是类似"在历史上留名"的丰功伟业，也不是明确的"大考满分、全国第一名"这种头衔。如果这里的学习指的是考上理想的大学、考取证件、通过升迁考试、累积人文素养等，那的确是每个人都能做好的事。不过，能百分之百同意这句话的人应该不多。我想肯定会有人认为"认真的确就会进步，不过……"，这些人深信世界上就是有无法超越的界线或是程度好到自己追不上的人存在。人们都认为每个人天生的才能本来就不一样，会认为每个人都有其极限与不同之处，且会用两个字来概括这种先天的差异："资质"。

我们经常把"资质"两个字挂在嘴边。我经常听到别人说"那个人天资聪颖，但我很平凡""这孩子资质很好，但就是不努力""要是我也像他一样天资聪颖该多好……"之类的话。我在提供学业咨询服务的过程中，惊讶地发现人们是多么迷信名为"资质"的神话。人们认为要有好成绩就要有好脑袋，而且"资质"至关重要。即使有些人刻意不用"资质好、资质不好"这种说法，他们心中其实也抱持同样的看法。

在此，我将一般人对"资质"的看法整理如下：

一、有些人天资聪颖。

二、有些人资质没那么好，或是比较普通。

三、前两者都是父母遗传的，不然就是小时候就决定了的。

四、所以一和二都是固定的，不会改变。

五、能不能成为擅长学习的人，受到一和二这两个条件的高度影响。

实际上，人们认为的"资质"，其实就像计算机的"规格"。计算机的运算速度与储存容量是固定的，规格较差的计算机，玩游戏或上网的速度就较慢，也无法储存太多电影档案之类的资料，若不加额外的配备，那么基本规格通常不会改变。人的脑袋也一样，规格要好才能把书读好，是好是坏原本就决定好了，很难改变，这就是"天生的脑袋"的神话。

为此，在介绍独自学习模式之前，要先从理解"资质"神话有误开始。原因非常简单，错误的神话对学习没有任何帮助。若只是没有帮助那倒还好，事实上，人们对这个神话的认知，甚至会对学习造成危害。因为除了少数认为自己运气好、天资聪颖的人之外，大部分的人都认为自己没有才能、做不到。这样的认知会使一个拥有足够力量、能将固定在地上的木桩拔起的人，在一开始就放弃努力，像头被拴住的大象一样，明明能做得更好却画地自限。所以，无论你一直以来抱持怎样的想法，现在应该都能明白了，没有所谓"天生的资质"这件事。

国际知名的心理学家安德斯·艾利克森就曾通过实验让我们知道人的潜力有多么惊人。而我们也能透过这个研究中的几个要点，找到"为何必须独自学习"的强力证据。

一切都无关才能，而是练习的结果

无论在哪个领域，成功通常需要两个要件："才能"与"努力"。才能是先天的，而努力是后天的。当你认为自己在特定领域成功概率较低时，让你做出判断的重要依据就是才能不足。若同样的情况放到学习这件事上，人们便会认为是"资质不够好"导致学习效果不佳。

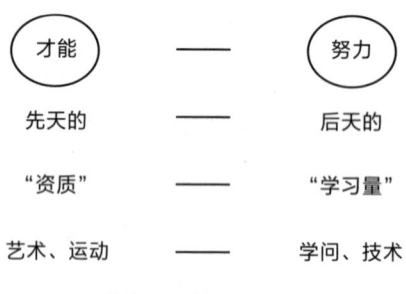

才能 —— 努力

先天的 —— 后天的

"资质" —— "学习量"

艺术、运动 —— 学问、技术

成功所需的两个要件

20世纪90年代，安德斯·艾利克森主导的研究团队曾经在德国柏林进行了一个证明何谓"才能"的研究。他慎重地挑选了非常重视才能的领域，最后从各项艺术当中选了音乐。因为一个人在音乐与运动领域能否成功，都被认为与天生的才能息息相关。

由艺术学院、建筑学院、设计学院、音乐学院等四个单科学院组成的柏林艺术学院，当时共有3600位学生，其中音乐学院的课程内容与学生水平，皆获得各界的高评价。这所学校不断培养出足以代表德国的音乐家，在校生未来也大多会成为具备国际水平的音乐家。也就是说，柏林艺术学院拥有最适合进行才能研究的环境。

　　研究团队首先请教授选出有机会成为全球知名演奏家的学生，他们都是未来将成为超级巨星的顶尖演奏家；接着再选出虽不到顶尖程度，但仍能够成为职业演奏家的优秀学生；最后，学校里有一个班级，学生的目标不是成为演奏家，而是成为学校的音乐老师，研究团队也将他们纳入研究对象当中。接着，研究团队仔细调查了这群学生的学业成绩、大赛经历、术科分数等资料，以确认教授的眼光是否准确。完成调查后，研究团队将学生按实力分为最优秀、优秀与普通三个等级。

　　接下来要做的事情，就是调查学生在学习音乐的过程中所做的一切，包括课程分量、练习时间、生活模式、音乐经历等，是资料极为庞大的"一切"。报告中密密麻麻地列出许多项目，其中包括学生的睡眠、饮食、课程、辅导、音乐成就等，团队请学生以15分钟为单位，记录自己每天做的事。经过一段时间的资料收集之后，团队终于发现其中的共通之处。

　　第一个共通点，是三组人开始演奏乐器的年龄都是8岁左右，到了15岁时决心走上音乐之路。没有特别早开始的学生，也没有人一看到乐器就仿佛有电流流过全身一般，感应到"这是我的天职"，这部分和一般学生很类似。一般学生也是在8岁左右进小学，15岁左右学生开始选择进入一般高中，还是进入观光、料理、动画等特殊专业的高中。

第二个共通点，是三组人每周都会花51个小时在学校课程、辅导等与音乐相关的正式活动上，这部分也跟一般学生类似。计算学校课程、下课后写作业、补习班或自习等与学习有关的活动时间，会发现大多数学生花费的时间都差不多。

这里有个问题：既然开始的时机差不多，从事音乐活动的时间长度也类似，但实力却有明显的差异，这不就是才能的差异吗？在此我要提一件很重要的事，那就是学生其实都非常清楚什么活动与提升实力息息相关，那个活动就是"独自练习"。

大家都知道必须独自练习实力才会提升，不过真正能做到独自练习的学生并不多。为什么呢？因为独自练习非常寂寞。没错，每个人都想拥有曼妙身材，而不是松垮的腹部赘肉，也知道要达到这个目标最重要的事情就是少吃和多运动，不过真正能够付诸实际行动的人并不多。因为每天花90分钟在健身房挥汗如雨，戒掉炸鸡、啤酒，晚餐改吃水煮的鸡肉和胡萝卜，是一件很痛苦的事情。

独自练习就是这种"痛苦却能提升实力的活动"，而这三组人投资在这上面的时间截然不同。最优秀组与优秀组一周会花 24 小时独自练习，而普通组则只花 9 小时。每天的练习时间点也造成了差异。最优秀组与优秀组会在上午或刚过中午练习，而普通组则几乎要到傍晚才会开始练习。也就是说，最优秀组与优秀组会在最能专注的时间练习，而普通组则是在已经因为其他活动而疲惫不堪时，才会拖着步伐去练习。所有学生都知道独自练习是提升实力的重点，但却仍有执行上的差异，这就表示部分学生决定要多练习一点，而这些学生的实力的确更为出色。

而这里又有另外一个问题，就当普通组较少独自练习导致实力较差好了，可是最优秀组与优秀组的练习时间也一样，那两者之间应该就是才能的差异了吧？

研究团队仔细翻找庞大的资料后，终于找出了答案。其中的秘密在于学生的经历。

研究团队请每位学生写下开始学乐器之后每周的练习时间。演奏乐器的学生通常都会写"几岁的时候、一周上几天的辅导课、一天练习时间有多少"，团队便以这份资料为基础，计算这位学生迄今为止的练习时间，结果发现一个明确的答案，那就是截至 18 岁的累积练习时间，最优秀组为 7410 小时，而优秀组为 5310 小时，一般组则是 3420 小时。投资在练习上的时间，的确与实力息息相关，资料也显示，最优秀组与优秀组之间在累积练习时间上有明显的差异。最后研究团队做出这样的结论：

"一切都是练习的结果。普通组当中没有一个人的练习时间跟最优秀组的一样，也没有人练习时间只是普通组的水平，却好运地进入最优秀组。我们为了寻找'才能'而开始这个研究，最后发现除了练习量的差距之外，并没有任何才能的踪迹。即便真的有才能存在，那它所扮演的角色也比人们想象的要薄弱。"

由此可见，在人们认为最看重天生才能的音乐领域得出这样的结果，那么只是阅读、背诵、解答或说明问题的课业学习又如何呢？若将安德斯·艾利克森的结论中的"才能"换成"资质"，那真相就很明显了。

"一切都是学习分量的结果。普通组当中，没有一个人的学习分量跟最优秀组的一样，也没有人学习分量只是普通组的水平，却好运地进入最优秀组。我们为了寻找天生的'资质'而开始这个研究，最后发现除了学习分量的差距之外，并没有任何资质的踪迹。即便真的有资质存在，那它所扮演的角色也比人们想象的要薄弱。"

我们或许曾经看着坐在同一间教室里的朋友，想着他因为"天资聪颖"所以才很会读书。学校课程、补习班、自习，在眼睛能看见的学习时间里，两人做的事都差不多，所以我们会认为，是资质的差异造就了成绩的差距。不过成绩好的秘诀其实不在资质。如果朋友和你度过一模一样的学生时期，但学习成绩却比你好，那就表示他独自学习的时间很长。如果你们独自学习的时间也差不多，却仍有难以追赶的实力差异，那就是因为那位朋友一直以来累积的学习时间很多。

这明确告诉我们一件事：没有任何一个人可以不学习就得到好成绩。反过来说，只要学习，人人都能把书读好。只要照着对的方法去做，那么人人都能把书读好。这里所说的"对的方法"，是指能够提升实力的学习方法。柏林音乐学院的所有学生共同选择、直接影响实力进步的活动，以及用数据证实"累积时间与实力成正比"的活动，那就是独自练习、独自学习。

为什么要独自学习，还有比这更具说服力的答案吗？

不知道原来他读了这么多书

我有个长得很帅的大学同学，就职第一年便成为公司宣传手册的广告模特，在探访公司的电视节目预告当中还获得了一个单独的镜头。他在乡下长大，从小就过着自在玩乐的生活，所以也很擅长运动，曾经带领法学院篮球队在体育大赛上获得冠军，过着人人称羡的人生。这样的他有许多优点，其中让他在大学时期鹤立鸡群的优点就是聪明。

就算不特别去提他大学入学考试考了第一名,也可以看得出来他真的"天生就很聪明"。

大学二年级时我发现,明明我们上课时间学的东西都一样,他却能像唱歌一样,把每个判例的重点内容背出来。判例是法院的判决文,在法学中,法院的判决文对解读法律条文非常重要。其他人都还在争论"判例用的是肯定句""真的吗?不是否定句吗?"时,他却能够侃侃而谈,说道:"是'因为这样那样',所以是在表达肯定的立场。"并立刻背出判例的重要内容。每次看到他这样,我内心都感到十分惊讶。

而让我觉得他非常"聪明"的契机,则是高中时的一则逸事。

他偶尔会跟我们谈起高中时的事,内容都是这样的:在自习时间偷偷跑到学校外面去玩、跟朋友打台球、把漫画放在抽屉里上课偷看……他真的不是在吹牛,大学时他的台球已经有职业级的水平,所以我想:"原来真的有'天生就很聪明'的人,脑袋好的人真的可以边玩边把书读好。"当时我真的是这样想的。

几年前发生了一件事,当时我们大学时认识的几个好友一起去旅行,开车路上经过那位同学的老家,看见路标指向他曾经就读的高中,我们问他要不要回母校看看,他的回答却让我们非常意外。他说不要,说因为高中时期的生活模式让他非常讨厌学校。除了平日要在学校自习到凌晨 2 点之外，周六还必须在学校自习到晚上 11 点，只有周日可以在家吃晚餐。升上三年级之后，一个月只有一天不用去学校，能休息的日子只有全国模拟考周的周日，以及中秋节和大年初一。他住的地区并没有太出名的补习班，所以这些时间他都自己一个人读书。

我实在没想到他竟然花这么多时间学习。我高中时也有自习时间，但只到晚上 10 点，周末很少会花时间专注地学习。客观来看，他的学习量要比我多上许多。那些偷跑出去、偷看漫画、打台球的活动并不是他高中生活的全部。当我想到这里时，我突然领悟了。

我领悟到原来问题并不在于聪不聪明；领悟到他之所以能将判例倒背如流，是因为他刻意花时间去记，不是只看一次就记住；领悟到高中三年级时读很多书的"惯性"仍然留在他身上，所以进入大学之后，他依然花很多时间读书。那一瞬间我突然懂了。简单来说，他并不是聪明，而是就算没人在看，他也会花很多时间独自学习。

没有"天生的聪明才智"。即便每个人的理解能力、背诵能力都不一样，但那些能力也并非从一开始就决定好的。一个人花费在学习上的时间越多，在课业上展现出的能力就会越好，也会变得越"聪明"，但这并非先天决定的，而是人人都能培养出来的能力。其实我们现在认为的"聪明才智"，并不是配备已经固定的计算机，而是更接近由累积的学习分量锻炼出的"思考肌肉"，如同认真运动肌肉就会变壮一样，认真学习就会变"聪明"。因此我们该做的事情非常明显，就是相信我们也一样能够把书读好，并且增加独自学习的时间，以切实帮助自己提升实力。

量造就质

从现在开始，我们要来多看一些类似安德斯·艾利克森研究的各种案例。透过这些案例，我们可以知道"练习的结果"并不仅限于安德斯·艾利克森研究中的音乐领域，而是适用于世上所有的领域。简单来说，就是"量造就质"这个原理。

当我们相信这个真理是唯一的成功秘诀，适用于包括学习在内的所有领域时，必须独自学习的理由就更加明确了。这里所说的"量"是"努力的量"；"努力"则是"能确实提升实力的努力"，而在读书这件事情上就代表"独自学习"。也就是说，独自学习的量要多，才能把书读好。每个领域的成功人士，都向我们展现了"量造就质"的真理。

（量）造就质

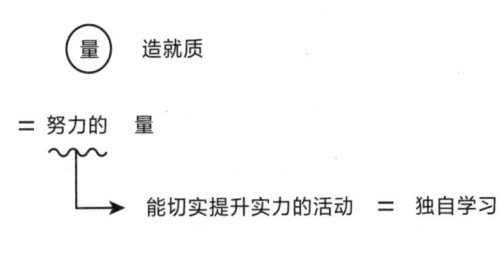

= 努力的 量
↳ 能切实提升实力的活动 = 独自学习

独自学习的分量要多，才能把书读好！

例如，在《开启创作自信之旅》(Art & Fear)一书中就有这样一个故事：在一堂陶艺课上，老师将学生分成两组，他跟其中一组学生说会看作品的质量打分数，再跟另一组学生说会看作品的数量打分数。评分标准很简单，"质量"组提交做得最好的一件作品，而"数量"组则会在上课最后一天，用秤去称一学期下来做的作品的总重量，总重量超过20公斤就可以拿到A，超过15公斤则给B。学期当中"质量"组的学生倾注所有力量，只为将一件陶器精雕细琢到完美，而"数量"组的学生则是在上课时间不断地做陶器。该学期最好的作品究竟会出现在哪一组？其实我们都已经知道，老师究竟想通过这件事情教导学生什么了。

学期末评分时，最好的作品全都来自"数量"组。大量创作陶器的学生，作品的质量也更好。

爱因斯坦为何是天才？

2006年美国出版了一本厚达918页，名为《剑桥专业知识与专家绩效手册》（直译，*The Cambridge Handbook of Expertise and Expert Performance*）的书。书中收录了在国际艺术与科学领域创下功绩的天才们，不过其中收录的内容，却与一般人的常识有所不同。

这本书告诉我们，被称为天才的人，其实并不比一般人更聪明。根据书中所述，创造伟大成果的人，智商不过介于115和130之间，而这个数字不仅无法让小学生的家长们满心欢喜地期待孩子会是个天才，也很难让人相信这是功绩享誉国际的伟人所拥有的智商。据说地球上有14%的人智商都相当于这个数字；也就是说，只看智商的话，每100人中就有14人与世界级的天才具备相同水平。但是真的很奇怪，单就智商来看，能成为"爱因斯坦"的候选人这么多，但实际上真正有这番成就的人却很少，这是为什么？

这里必须有一个前提，那就是世界级的天才跟一般人在解决问题时大脑会经历相同的过程。例如，假设现在我们面对"用高压锅煮饭"这个问题，天才和一般人煮饭的过程都一样：先淘米，量水，把水跟米放入锅子里，等飘出白饭的味道后关火焖煮。也就是说，即便是天才煮饭，白米放进锅子里之后，还是要经过相同的步骤才能变成白饭。天才的大脑不会施展魔法。

而这两者之间的差异如下：一般人淘米时会分心，要开火时可能会先跑去看个电视，即使飘出白饭的味道了，也会因为浏览社群平台而错过焖煮的时间。因为煮饭的过程很松散，所以水量、火候都不够精准。而天才则会专注于煮饭，无论是谁跟他搭话、电视上出现喜欢的艺人、智能手机跳出通知，总之先专注于煮饭就对了。为此，一般人煮出的饭可能会太软或太硬，但天才却能煮出饱满有光泽且软硬适中的白饭，带点香喷喷的锅巴，而且完成的速度还比一般人更快。一般人不知道厨房里发生的事，只会看到最后端上桌的成品，然后喊："这人是煮饭的天才。"

这个差异不在于质量，而在于分量。问题在于时间是否足够，是否够专注，是否使用正确的方式，是否不被其他事物吸引、不虚应故事、不妥协于一般的标准。也因此，我们能说这并不是先天的才能差异，而是态度的问题。这个世界上之所以很少有像爱因斯坦这样的人，并不是因为才能与爱因斯坦同等的人很稀少，而是因为像爱因斯坦一样学习、做事的人很少。

"10000小时法则"和"10年法则"

我高中时期学习申论的经历，无疑是"量造就质"的最佳证据。有人说"质造就量"是有可能的，而我听了这个说法之后也跟着做，验证了它的可能性。那么，"量造就质"这件事只适用在我身上吗？还是只适用在申论上呢？当然不是。这一点其实已经通过许多研究证实了，最具代表性的主张有两个，分别是丹尼尔·列维汀（Daniel Levitin）的"10000小时法则"，以及约翰·海斯（John Hayes）的"10年法则"。

首先来说"10000小时法则"。这个法则因作家马尔科姆·格拉德威尔（Malcolm Gladwell）在其著作《异类》（*Outliers*）中提及而广为流传。理论的主要内容是说无论在任何领域，若想成为世界级的专家，就需要10000小时的练习。而丹尼尔·列维汀是这么说的：

"无论是作曲家、棒球选手、小说家、滑板选手、钢琴家、西洋棋选手、驾轻就熟的罪犯，或是其他任何领域的人，只要反复地研究，就能确定10000小时这个数字相当准确。10000小时相当于平均一天3小时、一周20小时并持续10年的练习成果。我们找不到任何练习时间低于这个数字，却仍可以成为世界级专家的例子。"

接下来是"10年法则"。约翰·海斯以76名作曲家为对象,调查他们何时写出第一首成功作品。他调查了约500首歌,发现这76人都是在开始作曲之后过了10年才真正成功的。在累积10年的经历之前,作曲家完成的成功作品只有3首,而且这通常还是在第8年或第9年写出的作品。为了达到一定的水平,必须花费10年时间,这点也能被套用在其他领域。在以131名画家、66名诗人为对象的另一项研究当中,我们也能毫无例外地发现他们都有"无名的10年"。

如果世上原本就存在有才能的人,那么知名作曲家、画家、诗人肯定一开始就能创作出杰出的成功作品;相反,平凡的人无论花再多时间,都无法拥有成功之作,但研究结果却与这个认知恰恰相反。研究结果告诉我们,无论有没有才能,人人都必须累积10000小时或10年以上的练习量,才可能产出好的成果。如果有人被认为是"天才"或"拥有天生的才能",那么他肯定已经花费了10000小时或在默默无名的10年内不断练习。

文艺复兴时期的天才画家米开朗琪罗(Michelangelo)也曾说过:"若晓得我为了钻研技术花费多少努力,人们就不会觉得我的技巧有多厉害。"

换言之,我们只是没有看到成功人士在做与提升实力直接相关的行为,也就是没看见他们独自练习的模样而已。虽然世人都认为有人天生就是所谓的天才,但我却觉得说他们拥有

"天生的才能"，更像是在贬低他们付出的巨大努力。试想，当你费尽力气才获得回报，而人们却认为这是你捡到的成果，你会有什么感受？真正思考过才会知道，天才都是"独自练习的天才"。例如：

◎ "高尔夫球界的莫扎特"泰格·伍兹（Tiger Woods），虽然近来因私生活问题而饱受争议，不过他仍是在PGA比赛中获得79场胜利的"高尔夫球天才"。由于他的父亲非常想教自己的儿子打高尔夫球，于是泰格·伍兹还没满2岁就开始到高尔夫球场练习，4岁开始就已经接受父亲另外聘请的专业教练的指导、训练了。也就是说，他在会说话之前就已经开始接受系统的高尔夫球指导了。

◎ 村上春树是每年都被认为最有机会获得诺贝尔文学奖的国际知名小说家。他的长篇小说《挪威的森林》与《1Q84》皆相当出名，不过他也写过短篇小说、散文、游记、纪实作品，甚至是奥运观察笔记等各种不同文体的作品。村上春树是位相当多产的作家，一位评论家曾说：在日本平均每四个月就有一本以村上春树之名出版的著作。这句话的意思是，村上春树其实还有很多压在箱子里尚未出版的作品。

◎ 曾出版《肖申克的救赎》《危情十日》等作品的斯蒂芬·金

（Stephen King）是位恐怖小说大师，他的作品至今已销售超过 4000 万本。在一次采访当中，一位记者问斯蒂芬·金："你都什么时候创作？"他回答："除了生日与感恩节之外，我一整年都在创作。"不过这其实是骗人的。斯蒂芬·金后来在自传《写作：我的作家生涯》(On Writing) 当中澄清："其实我在生日跟感恩节当天也会创作。"

◎ 画家爱德华·蒙克（Edvard Munch）是挪威的名人之一。在挪威首都奥斯陆的挪威国家美术馆与蒙克博物馆中，就能欣赏到蒙克的作品。我去奥斯陆旅行时，曾近距离观赏蒙克的代表作《呐喊》，那里还开放游客在作品旁边拍纪念照。但让我惊讶的其实是另外一件事，那就是我们所知的蒙克的代表作大多只有《呐喊》或《生命之舞》等，不过蒙克博物馆当中却有着这样的介绍："蒙克一生留下的作品多达 25000 件。"

◎ 最后我们来看看毕加索（Pablo Picasso）。不需要多做说明，大家都知道他是世界知名的"天才画家"。不过在毕加索的作品当中，一般人能叫得出名字的，大概只有包括《格尔尼卡》《亚威农少女》在内的几件作品而已。毕加索曾在 1969 年，用"那一年内"的作品举办了一次展览。那次展览上，除了已经卖掉的作品之外，还有 165 件作品。但真正令人惊讶的并不是作品的数量，而是毕加索其实是 1881 年出生的，也就是说，1969 年时毕加索已经 88 岁了，竟还有这么丰富的创作能量。据说毕加索一生留下的作品数量大约有 30000 件。

你我都做得到

量造就质。无论是 10000 小时还是 10 年，只要投资足够的时间，人人都能把书读好。不过这里我想再提醒一件事，因为担心有人看到这里已经却步，想要在开始之前就放弃了。当我们站在超高的摩天大楼正下方抬头往上看时，肯定会感到心惊胆战。

我想，也许有人在听到 10000 小时或 10 年之后，便产生了这种站在超高摩天大楼底下往上看的感觉。若你看着摩天大楼时，心里浮现"不可能，我绝对爬不上去"的想法，那么接着去看"10000 小时法则"里提到的"一天 3 小时，持续 10 年"，大概也会想："一天 3 小时就很累了，要怎么坚持 10 年？"不过真的不需要太担心，以下是两个我认为"10000 小时法则"或"10 年法则"不痛苦，而是一种希望的原因。

第一，"10000 小时法则"或"10 年法则"带给我们乐观的讯息。法则的核心宗旨不是"必须过 10000 小时或 10 年才能收获成果",而是"只要努力,人人都能有收获"。我们用另外一种说法来解释"量造就质",那就会是这样:"做就对了。"每个人的成功与失败并非决定好的,而是"你我都有机会成功",而这句话的统计学证据就是"10000 小时法则"或"10年法则"。

第二,春天播下的种子,必须等到秋天才能收获。不过,努力的成果并不一定要等到突破 10000 小时之后才能收获。你可以想象自己正在登山,当然一定要爬到山顶才能获得最好的视野,不过我们在登山的过程中,也能不时欣赏到美丽的景色。如果你决定朝着 10000 小时的目标前进,那么在不远的路上,你将会开始收获大大小小的回报。

老实说,学习并不像村上春树或毕加索的创作那么复杂。不就是读书、理解、背诵、写习题、找资料、誊写而已吗?虽然未来我们在各自的领域当中获得的成果,将不如 PGA 巡回赛获胜或《亚威农少女》等杰作那般令人惊艳,不过至少我们现在面临的学习,比前面所说的"天才"们的工作要轻松多了。就连那些"天才"都说自己能有今天的地位,靠的不是聪明才智而是充分练习,那也就表示我们只要经过充分的学习,就同样能有好的表现,所以我们实在不能不把"你也做得到"这句话刻在心上。

提升真正实力的独学力量

我们都投资了许多时间在学习上。想想你在学校度过的时间、去补习班的时间、听网络课程的时间，以及坐在书桌前读书、写习题的时间。如果那些时间不是用在学习上，而是用在其他地方的话，那会怎么样？如果拿那些时间去环游世界，那你肯定能够拥有"环游世界专家"的头衔；如果花费那些时间写作，那你肯定能够规划出有模有样的"写作课程"。

但很奇怪，为什么我们投资了这么多时间在学习上，却仍无法自信地说"这样做就是学习"呢？我们的学习究竟出了什么问题呢？

答案很简单，那就是除了"时间"之外还有其他因素决定了努力的"分量"，那个因素就是"正确的方法"。虽然人人都能把书读好，但必须使用"正确"的方法。就像同样是开车前进，只有遵循导航指示的方向才能抵达目的地一样。**跟着"正确的方法"去做，就会在终点再次看见我们之所以要独自学习的原因。**

你不需要提前害怕自己无法照这个方法去做，不需要减少睡眠时间，也不需要逼迫自己忍受痛苦，因为这个方法其实非常很简单。创造 iPhone 的史蒂夫·乔布斯（Steve Jobs）曾在一次采访中提到："持续深究问题，像在剥洋葱一样一层一层拆解，就能获得优雅且简单的答案。"国际知名管理学家吉姆·柯林斯（Jim Collins）也在《从优秀到卓越》（*Good to Great*）中强调："做一件伟大的事绝对不比做好一件事困难，虽然能被称为伟大的事情在统计学上较少见，但做伟大的事所需要承受的痛苦，并不会比持续做一件平凡的事还多。"同样地，所谓"正确的方法"并不比我们一直以来使用的学习法更困难，也不会难以模仿，只是很少有人这么做而已。

要怎么收获先怎么栽

美国密歇根大学商学院教授诺尔·蒂奇（Noel Tichy）曾说，人做的事情分为三个领域。我们可以画三个同心圆，并试着想象自己站在圆心，最内圈是安全领域，中间圈是成长领域，最外圈则是恐慌领域。

安全领域属于我们已经非常熟悉、擅长的事，像是煮泡面、四则运算、每天走同样的路上班，等等。这些都是我们已经很擅长的事，所以不会觉得有压力或有负担。不过也因为总用同样的方式做简单的事，所以能力不太会进步。而最外圈的恐慌领域则属于太过困难，实际去做会令人陷入恐慌状态的事。你可以试着想象自己眼前有个受枪伤的紧急伤员不停流血，或是突然独自被丢到南美洲丛林里。当人遇到这种属于恐慌领域的事情时，就会因为不知所措而慌张。最后的成长领域则介于安全领域与恐慌领域之间，属于虽然不算简单，但只要努力就有办法做到的领域。这个领域之所以会被称为成长领域，是因为在做属于该领域的事情时，都能够让自己有所成长。

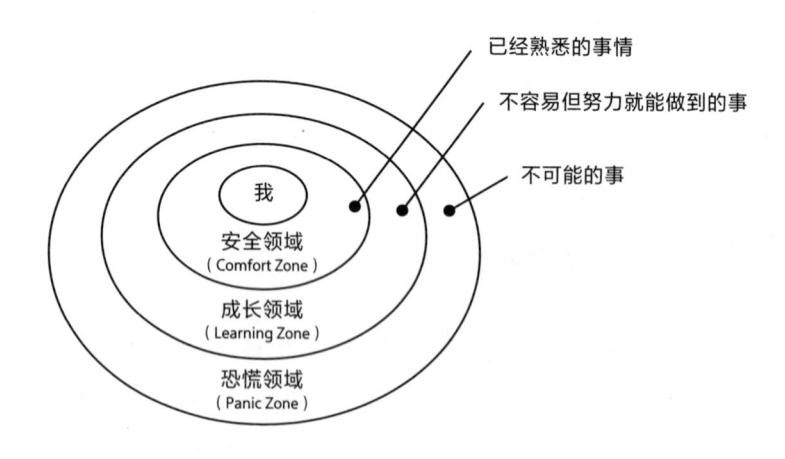

已经熟悉的事情
不容易但努力就能做到的事
不可能的事

我
安全领域
（Comfort Zone）
成长领域
（Learning Zone）
恐慌领域
（Panic Zone）

诺尔·蒂奇教授非常果断地说，**如果想持续进步，那就必须去做成长领域的事情**。人一生中很少有机会遇到属于恐慌领域的事，无论是学习、工作、兴趣，日常生活中我们面临的选择大致上都落在安全领域与成长领域当中。有些人会只停留在安全领域当中"浪费时间"，虽然看起来有在做些什么，但实际上只是用熟悉的方式踩着熟悉的轮子前进而已，这就跟浪费时间没有两样。这也说明了为什么社区餐馆里的主厨 10 年来都在做炸酱面，手艺仍没有进步；为什么社区理发店的老板剪了 20 年的头发，能力仍然原地踏步。

哲学家弗兰西斯·培根（Francis Bacon）在 400 多年前曾经警告："若持续只做你一直在做的事，那你将只会获得你一直以来获得的东西。"

所谓的努力，并非都是一样的努力

"10000 小时法则"与"10 年法则"所说的练习当中，藏着一个秘密。"量造就质"当中所说的努力分量，其实是比较特别的努力，那就是对提升实力产生决定性影响的努力、属于成长领域的努力，也就是正确的努力；我们必须通过这样的努力才会成长。长时间学习却仍对学习没有信心，就是因为没有做正确的努力。只要不是正确的努力，那么即便重复 10 年也没有用。

"努力"这个词虽然常见，但并非所有的努力都是一样的。例如，试想一个喜欢棒球的社会人士加入棒球同好会，他每星期六都早起带着装备去参加比赛。到了现场之后，他会先简单伸展、传接球或是挥棒热身，接着花费 3 小时挥洒热情，完成比赛，等球衣沾满了泥土后精疲力尽地返家。当然，他有时候会到室内棒球练习场去做挥棒练习，或是接受投球姿势矫正，不过他实际接触棒球大多还是通过周末的比赛，因为投入比赛是最快乐的事。他认为这些比赛时间累积起来，就能提升自己的实力，他认为这包含在"10000小时"的努力当中。不过这只是他的错觉，事实上他的实力并没有太多提升，因为他所做的努力并不正确。

这里产生两个问题：**第一，正确的努力是什么？**简单来说就是跳脱安全领域的努力、属于成长领域的努力。用自己熟悉的方法、重复一直以来都在做的事，其实并不属于正确的努力。**第二，该怎么做才是正确的努力？**那就是"挑选自己不足的部分，并不断重复去做"。揭露柏林音乐学院才能之谜的安德斯·艾利克森将这项活动取名为"经过谨慎规划的练习"。

那么"经过谨慎规划的练习"究竟是什么？

我初中时，朋友之间突然掀起一股乒乓球风潮，下课之后大家都会涌入社区的乒乓球场花30元打乒乓球。我们没有特别学过，只是随便打球当游戏玩而已，但还是每天开心地去乒乓球场报到。当时我们当中有个人打得非常好，他运动神经并没有特别好，但没有人能比得过他，他之所以这么厉害，纯粹只是因为他会杀球而已。当球弹到适当的高度，他一定会使出杀球这一招，完全没人能接下这一球，于是他自然就成了最优秀的那一个。

对乒乓球产生兴趣后没多久，我偶然得知我爸爸很擅长打乒乓球，年轻时还参加过比赛。于是我开始跟他学打乒乓球，最先学的就是杀球。跟爸爸学打球当然不可能是进行有趣的比赛，我一开始必须在没有球的状态下拿着拍子，对着镜子挥拍以确保姿势正确，每一次练习都要挥好几百下。接着再去乒乓球场，爸爸会把球丢到适当的高度，而我必须用相同的姿势练习把球打出去，然后挑出不够好的地方，不断重复练习。用这种方式熟悉杀球之后，我便跟那位朋友一起去乒乓球场，没想到发生了一件惊人的事——我突然能跟那位实力很好的朋友对打了！我的杀球能力有明显的进步。后来我用同样的方式学会切球、反手杀球等各项辅助技巧，每当学会一项新的技巧，我都像装上了新武器，感觉自己确实向上爬了一个阶段。

这就是安德斯·艾利克森所说的"经过谨慎规划的练习"。这是以提升实力为目的所特别设计的行为，必须经过无数次重复，且需要教师等专家从旁协助，与一般人认为的练习有一段差距。我跟朋友们打着玩的台球比赛，并不是经过谨慎规划的练习，但我跟爸爸那样重复相同动作、矫正姿势的行为，就是经过谨慎规划的练习。前述那位已经步入社会的棒球同好会会员，若想好好练习，就应该挥棒上百次以矫正自己的姿势，而不是去参加比赛，再不然就是增加自己接球后滚地起身的练习时间。用这种方式投资时间在练习上，能力就会等比成长，因为只有挑出自己不足的部分，并不断重复练习才会令实力进步。

由此可见，"经过谨慎规划的练习"特征如下：

一、**是为了提升实力而设计的行为**。这里的重点在于设计，我们必须掌握自己的缺点，并且做能够弥补这一个缺失的练习。就像漫画《灌篮高手》当中，篮球"菜鸟"樱木花道所接受的特别训练不是模拟比赛，而是"跳投两万次"。

二、**必须是能够不断重复的行为**。一流高尔夫选手一个球季中会把球打进沙坑的次数，顶多只有两次。不过为了在遭遇这种情况时能完美解决问题，高尔夫选手必须不断练习沙坑击球。

三、**必须是可以接受反馈的行为**。高盛公司首席学习官史蒂夫·克尔（Steve Kerr）曾经将没有反馈的练习比喻成"站在窗帘后面看都不看就丢出保龄球"。他说，"无论哪一种技巧都可以练习，但如果没能获得与结果相关的反馈，那会发生两件事：第一是实力不会进步，第二是你再也不会花费心思去提升自己的实力"。

四、**这不是件很愉快的事**。试着想想成长领域的概念，应该就能明白为什么这并不愉快。要求一个人刻意找自己不擅长的事情来做，怎么可能会让人感到开心呢？

不过也不用因此感到失望，只要下定决心接受经过谨慎规划的练习，两个强大的优点便足以弥补无趣所带来的失望感。第一，整件事情不怎么有趣，对下定决心做这项练习的人来说是个好消息，因为这代表大多数人都不是在用正确的方式练习。即便有些人知道什么是正确的练习，能够坚持下去的可能性也不高。也就是说，决定要做正确练习的那一刻，你就已经与他人之间拉开差距了。第二，开始这项练习之后，你不需要花费太多时间，也能用比现在更快的速度提升实力。

20世纪最伟大的小提琴演奏家之一的内森·米尔斯坦（Nathan Milstein）是知名指挥家莱奥波德·奥尔（Leopold Auer）的弟子。某次，米尔斯坦问老师奥尔自己的练习量够不够，奥尔这样回答："用手指练习要花一整天，但专心练习只要一个半小时就够了。"

让学习只会有好成果的方法："探索、反复、反馈"

到目前为止，我们已经了解了正确努力的意义与方法。接下来我们可以思考，该如何将正确努力的方法运用在学习上，该如何学习才是对的。只要进行经过谨慎规划的练习，就一定能够提升学习成果。

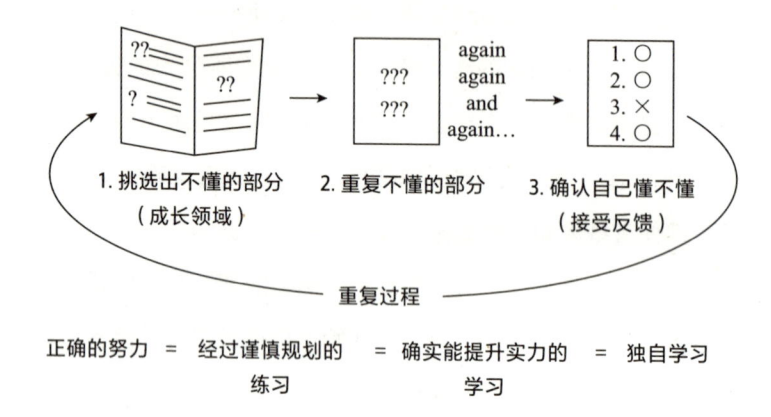

```
  1.挑选出不懂的部分    2.重复不懂的部分    3.确认自己懂不懂
     （成长领域）                          （接受反馈）
                    ←——— 重复过程 ———→

 正确的努力  =  经过谨慎规划的  =  确实能提升实力的  =  独自学习
                 练习                学习
```

挑选出不懂的部分

  我们必须找出自己待加强，也就是不懂的部分，并针对该部分专注学习。刚开始学新内容时，听课、听讲座都很有用，因为是完全陌生的内容，所以只要选择简单说明概念或架构的讲座来听，就能提升对整体内容的理解程度。先有了全面的基础理解，再挑出困难的概念、不能理解的内容、无法记住的图表，不断复习直到这些内容能够进入脑海。因为紧抓住这些不懂的部分，反复学习直到自己进步，才能让自己跨入成长领域，而只要能够停留在成长领域，实力就一定会进步。

  反过来说，"重复听讲应该就能理解吧""书重复多看几遍应该就能全部背下来"，则是一种停留在安全领域的态度。那么我们该如何找出自己待加强的部分？这件事并不困难，其实上课时无法完全理解的所有概念、句子、图表、公式等，都属于成长领域。

重复不懂的部分

不懂的部分就应该不断重复。在第三章学习原则当中我会再详细说明，这里简单来说就是只要不断重复就没有记不住的内容。如果有总是忘记的单词、总是搞错的年份、无法理解的原理，那你不应该刻意逃避，而是应该在发现自己不理解时重复确认。这虽然有点烦人，不过绝对不困难，只要能够脚踏实地地再多确认一次就够了。

只要我们刻意重复同样的步骤，大脑就会在某一瞬间将该内容完全记住，所以我们要做的只是别逃避不懂的部分，与它正面对决。

接受反馈

重复不懂的部分之后，还必须接受反馈。运动时，身边的人能帮我们实时地纠正姿势，但学习却没有这样的机制。不过我们仍能通过其他方式，获得学习相关的反馈。例如，写习题、参加模拟考、撰写报告等，都是反馈的方式；被老师称赞或责备，也属于反馈的一种。

我学申论时，将自己的答案跟参考答案比对的行为也是一种反馈。也就是说，只要能确认自己究竟做得好不好，就算是一种反馈。

其实有一个简单又强力的反馈方法，而且我确定每个擅长读书的人用的都是这个方法，那就是"盖上书本学习"。例如用手遮住刚读过的部分或刚背下来的英文单词，试着直接把内容用嘴巴说出来。要是记住了就能说得出来，否则会支支吾吾拼凑不出答案。这就是能当场确认自己学习情况的反馈，还有比这更明确、更简单的方法吗？

前面我们提过学习是重复"①阅读；②背诵；③确认"这三个步骤。我敢说，学习状况不佳的人，都是没能好好执行步骤三，因为步骤三让他们觉得很有压力。所以，只要实践"确认自己有没有把内容记下来"这个简单的反馈要领，每个人都能大幅进步。

这三个步骤，就是能直接影响实力提升的正确学习方法。如果对学习没有自信，那应该是疏忽了部分或全部的步骤。那些被认为"天资聪颖"的资优生，其实也只是充分做到了这三个步骤而已。这是读书方法的核心，只要这么做，人人都能立刻发现"我也做得到"，体验到提升自信的"片饷证验"。

此外，我们可以在这里稍微思考一下：如果想用这种方式学习，那究竟该怎么做才能达到目标？是该增加在补习班听课的时间吗？还是应该增加跟其他人一起读书的时间？两者皆非。答案绝对是要拥有独自学习的时间。要独自花时间找出不懂之处并不断钻研，一发现哪里不懂便立刻翻书来看，并随时确认自己是否真正将那些内容记住了。这些都是必须独自完成的事，也是柏林音乐学院的所有学生都认为独自练习对提升实力有直接影响的原因。

在学校听课很好，到补习班听课很好，参加读书会也很棒，但那些都不是学习，只是帮助独自学习的工具而已。花费许多时间仍对学习没有自信的原因，就在于被帮助学习的工具绊住，忽略了学习本身。所以，我们必须增加独自学习的时间，并使用正确的方法学习。了解到问题所在之后，问题便会消失。现在我们已经变得与众不同了，不需要再像以前那样花费大把时间，也能迅速提升实力。

本章重点

- 有一位排名倒数第三的初三学生，这位学生的基础很差，连人称代词都不会。不过当我告诉他学习方法之后，他只花了三个月就在期末考时考到真正的第三名。奇迹便是从意识到"我也做得到"开始的。

- "趣味"源自"成长的滋味"，所以学习的乐趣源自实力成长的滋味，也就是取决于"我也做得到"的领悟。

- 所谓的学习，其实就是重复三个步骤："①阅读；②背诵；③确认"。而"做得到"的感觉来自成功地做到步骤三。

- 每个人都能把书读好，但人们却认为每个人"天资"不同，因此画地自限。

- 安德斯·艾利克森在柏林音乐学院进行的研究中，发现每一位学生都很清楚什么才是会对提升实力造成最直接影响的活动，那就是"独自练习"。

- 即便是最看重才能的音乐领域，能提升实力的标准仍是练习的分量。安德斯·艾利克森得出了结论："除了练习量的差距之外，我们无法在任何地方找到才能的踪迹。假使真的有才能存在，那它所扮演的角色也不如人们所想的那么重要。"

- 学习也是一样，没有所谓的"天资"，实力是由学习分量决定的。只要充分使用正确的方法，人人都能把书读好。这里所谓的正确的方法，是指会直接影响实力提升的学习方法，也就是独自学习。

- "量造就质"的第一个要素就是时间。丹尼尔·列维汀的"10000小时法则"、约翰·海斯的"10年法则"告诉我们，无论任何领域，每个人都必须投资一定时间以上的努力，才能收获卓越的成果。天才们其实都是"独自练习的天才"。

- 决定努力分量的第二个要素，就是正确的方法。诺尔·蒂奇认为人做的事情可分为安全领域、成长领域与恐慌领域。所谓的成长领域，就是只要伸出手拼尽全力，就一定能做到的事情。而所谓的正确的方法，就是将努力投注在属于成长领域的事情上。

- 正确方法的最佳例子，就是"经过谨慎规划的练习"。挑选出自己有待加强的部分，并且借着重复练习进行"①为提升实力而设计的活动；②可以重复无数次的活动；③可以获得反馈的活动"。

- 将这点套用在学习上，就是"①探索待加强的部分；②重复该部分；③获得反馈"三个步骤。

适合大脑的学习原理

02

大脑学习操作手册

所谓的学习原理，是让学习的内容进入脑海中的原理。我们的大脑在储存记忆方面有一定的程序，就像在操纵复杂的机械时需要依照说明书操作一样，学习时也必须按照大脑的说明书操作，才能让学习的内容进入脑海中。在不知道学习原理的情况下漫无目的地学习，就像随便按个按钮，却期待机器能够正常运作一样。

本章我们将提到脑科学相关的知识，我们将一一了解学习在脑科学中代表什么意义、大脑在储存记忆时会经过哪些过程、学习时大脑会发生什么事，并且点出许多人至今仍不明白的学习要点。透过这些要点，我们可以掌握该如何"专注"，知道为什么即使认真读书，书本上的内容仍无法留在脑海中；我们将明白囫囵吞枣、只读大纲的学习习惯有多么致命；同时也能了解，若想依照大脑的操作手册读书，增加独自学习的时间便是唯一解答。

对那些感觉自己花更多时间玩游戏、看视频网站，开始习惯性地长时间使用电子产品的人来说，这一章的内容将会是相当沉重的警告信息。因为储存在大脑中的记忆不只有学习内容，极具刺激性的影像与游戏对大脑来说同样也是信息，甚至是不需要太多注意力，也能持续带来快感的信息。我们曝光在这些信息中的时间越长，大脑就越不容易学习。

我尝试通过最少量的脑科学知识，尽可能简单地解释这些概念，不过这些理论很可能会让人感到困难。如果感觉太困难，也可以跳过本章，直接从更具体地介绍学习原则的第三章开始阅读也无妨。

▎ 让大脑动起来的守则

从现在开始,我将介绍人脑如何运作,也就是从脑科学的角度解释学习原理。我会在了解学习方法所需的范围内,尽量简单地介绍这些原理,但因为会出现一些生物学用语及抽象的解释,阅读起来可能会让你感到有些困难。即便如此,了解学习原理仍然能够带来三大好处,因此我实在没有办法跳过这个部分。

一定要了解学习原理的三大原因

第一,帮助我们了解学习方法。学习终究需要通过大脑进行,了解学习的内容会经由哪些过程进入大脑后,就能更明白为何必须独自学习才能进步,还有独自学习时究竟该怎么做。这就好像了解身体如何吸收营养、分解脂肪,就能对瘦身带来一定的帮助一样。

第二,可以获得自信。我们同样都是人,是智人(Homo sapiens),也就是在生物学上同样拥有脑的意思。全球畅销书《人类大历史》(*Sapiens*)的作者哈拉瑞(Yuval Harari)曾说:"如果我们与32000年前的智人相遇,我们同样能够学习他们的语言，他们也能学习我们的语言，我们能够向他们介绍从《爱丽丝梦游仙境》到量子力学的所有知识。"而这也是生物学上代表人人都能把书读好的事实。

　　第三，可以知道自己过去做错了什么。其实我们完全不知道其他人如何学习，只能看着旁边的人翻书的速度、记笔记的方式，"推测"对方如何学习而已。基于这种本质上的限制，许多人在不知道是什么造成实力差距的状况下，轻易地以"天资"为借口让自己逃避。在介绍学习原理时，我将会不时提及大多数人在学习时所犯的错误。善于学习的人将这些事情视为理所当然，而不善学习的人却完全不知道这些要点。20 世纪的知名建筑师密斯·凡德罗（Mies Van der Rohe）曾说："魔鬼就在细节里。"善于学习者的秘密，就在一般人错过的细节当中。

"学习"究竟是什么？

　　提到"学习"，有些人会想到阅读，有些人会想到听课，有些人会想到做习题，有些人则会想到考试的画面。因为当我们以学生或考生的身份专注于读书时，做这些事情就是我们学习的姿态。当然这些行为也是学习，是无数学习方法中，能在短时间内获得众多信息的最有效率的方法之一，但并不是全部。

那么从本质来说，学习究竟是什么？非常粗略、简略地来说，**学习是"将外部的刺激储存成脑中的长期记忆"**，是将文字等视觉刺激、讲课等听觉刺激、材料的质感等触觉刺激之类的外部刺激，储存成为长期记忆。将这些记忆好好储存起来，在需要时能自由取用就是学习。所以，从现在开始，我们要一一拆解"记忆、储存、过程"。

记忆：感觉记忆、短期记忆、长期记忆

首先，什么是"长期记忆"？依照脑科学家的分类，记忆大致有三种：感觉记忆、短期记忆、长期记忆。

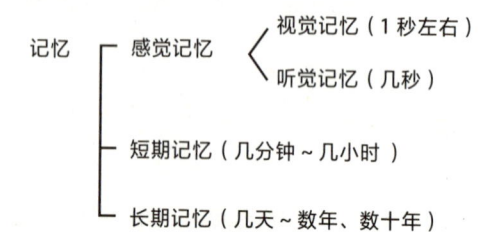

```
记忆 ┬─ 感觉记忆 ┬─ 视觉记忆（1秒左右）
     │           └─ 听觉记忆（几秒）
     ├─ 短期记忆（几分钟~几小时）
     └─ 长期记忆（几天~数年、数十年）
```

感觉记忆是视觉、听觉、触觉等用我们的感官短暂感受之后，瞬间消失的记忆。因为消失得非常快，所以也被称为超短期记忆。感觉记忆持续的时间视感觉而异，视觉记忆仅一秒就会消失，听觉记忆则能够维持数秒。试着想象用眼睛看电话号

码跟用耳朵听的差异，应该会更容易理解。如果我们只用眼睛看"02"以外的八个数字，那转过头之后就会将该电话号码忘光；反之，如果用耳朵去听后面的"1234-5678"，电话号码留在记忆中的时间就能比用眼睛看更久。这也是为什么我们在抄写电话号码时，总会用嘴巴念出来。

短期记忆是能持续几分钟至几小时的记忆。例如，假设你在跟隔壁的同事闲聊，我们会记得现在在聊什么话题、刚才对方说了什么话，以及当时自己回答了什么。因为有这样的短期记忆，对话才能有连续性。相反地，如果短期记忆出现问题，那么日常生活就会面临严重的问题。如果同事说"借我红笔"时，你回答"好"，却在转身打开书桌抽屉的瞬间，忘记自己为什么要打开抽屉，该怎么办？如果生活中频繁发生这种事，那我们几乎不可能从事学习或任何需要连续性的行为。

短期记忆可以成为特定行为的基础，所以也被称为工作记忆。不过短期记忆的容量有限，就好像厨房的砧板，虽然可以放好几种食材上去处理，但是无法同时处理太多种食材。

长期记忆是可以持续一天以上的记忆，也是能在大脑中储存最久的记忆。你可以回想一下小时候家里的样子，现在一定还能想起来以前家中的摆设，这就是长期记忆。如果短期记忆是砧板，那长期记忆就像一台大冰箱，可以堆放许多食材。就像在做炖豆腐锅时，我们会打开冰箱拿出豆腐与蔬菜，放到砧板上处理一样，大脑在处理某些工作时，也会从长期记忆中拉出情报，再由短期记忆加工。

储存：记忆有它的形态

接下来是"储存"。这里要先提一件令人意外的事，那就是依照脑科学研究的结果，信息储存在记忆当中是一种物理现象。也就是说，记忆是一种物质，是一种有形体、会占用空间的物质。记忆就像堆栈在仓库里的箱子一样，实际上会占据大脑的空间，动画电影《头脑特工队》（Inside Out）就用非常有趣味的方式表现了这件事情。

《头脑特工队》的故事发生在一个正经历青春期的女孩的大脑中。每当主角获得溜冰、收到礼物等体验时，大脑就会产生新的玻璃珠，那个玻璃珠就是记忆。脑中有一个可以无限储存记忆的空间，记忆就是这样会真实占据大脑空间的物质，只是实际上并不如电影中的玻璃珠那般美丽。

记忆这种物质是什么样子的呢？简单来说很像树枝。记忆发生在大脑神经细胞——"神经元"（Neuron）中，大脑中有无数个神经元，它像一根有许多枝丫的树枝。最重要的是大脑只要受到刺激，神经元的形状就会跟着改变。也就是说当我们产生记忆时，神经元便会改变，会像树木一样，产生树枝变长或是从中间长出新枝丫的变化，这是通过观察老鼠的眼睛所获得的事实。

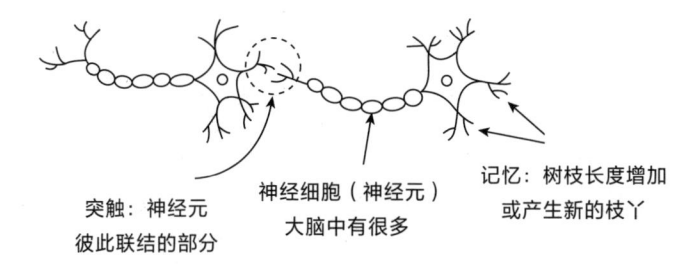

突触：神经元彼此联结的部分

神经细胞（神经元）大脑中有很多

记忆：树枝长度增加或产生新的枝丫

学习，就是将外部的刺激"储存"成脑中的长期记忆

神经元会改变形状并与其他神经元联结，这些联结的部分称为突触（Synapse），信息的移动会发生在这些部位。你可以试着想一下"猴子的屁股是红的，红红的苹果，苹果很好吃……"这首歌，这是联想作用的典型范例。**这种联想作用是从一段记忆跳到另一段记忆的作用，也就是突触上发生信息移动的作用。**就像看到猴子的屁股就会联想到苹果一样，一个人如果擅长联想，就表示他的记忆之间的信息传达十分顺畅。换句话说，就是神经元之间的突触联结非常完善。

过程：四大阶段的循环

从现在开始，我要讲记忆的"储存过程"。所谓的学习，是"将外部的刺激储存成脑中的长期记忆"，因此储存的过程就是学习发生的过程。大脑将某些东西放入脑中的运作方式，就是学习的原理。若不依照这个运作方式行动，无论如何尝试将东西放入脑中，也无法顺利储存。

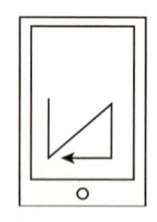

就像必须画出固定的图形
智能手机才能解锁

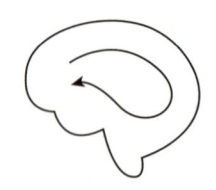

必须遵照大脑的运作模式，
才能将东西储存至大脑中

在这里我要透露一个擅长学习的人的重要秘密，那就是他们察觉到，人必须依照大脑的运作方式学习。而是否忠于这个过程，就是擅长学习者与不擅长学习者的差异。

在不知道学习原理的情况下坐在书桌前长时间学习，就像不知道密码却一直蹲在地上随便乱按，尝试解开密码，直到双脚发麻一样。一般人的实力之所以无法如预期般提升，原因就在于使用了错误的学习方式。

根据脑科学家詹姆斯·祖尔（James Zull）的说法，记忆储存的过程分为四个阶段：

一、具体的经验。 大脑首先会经历视觉、听觉、嗅觉等来自外界的刺激。

二、反思的观察。 经历来自外界的刺激时，会与原本自身所拥有的信息做比较，并且探索新的刺激所具备的意义。

三、抽象的假设。 以接收到的信息为基础建立假设，同时对自己提问："这句话是什么意思？""是要我这样做的意思吗？"

四、活动的实验。 付诸行动，以确认该假设是否正确。这些行为的结果将会再度成为来自外界的刺激，进而成为具体的经验。

而这四个阶段会不断循环，进而成为记忆储存在脑中，这也是神经元生长并衍生出突触的过程。大脑在储存东西时，毫无疑问地会经过这四个阶段。换句话说，如果不完整经过这四个阶段，就无法完整储存记忆，也就是即使花时间学习也无法让该学的内容进入大脑。

因此，从现在开始，我们必须更注意观察这四个阶段，"犯人"就在其中。一直以来，我们肯定都疏忽了哪一部分，就是那个部分绊住了我们。

或许，高中辍学之后却成为国际知名自我提升顾问的博恩·崔西（Brian Tracy）说得没错："许多人牵着手向前跑时，他们整体的速度是由最慢的那个人来决定的。"换言之，只要改变一直以来绊住我们的那个部分，我们整体的速度就能跟着改变。

边煮泡面边学习的原理

现在开始，我要用大家都很熟悉的活动，也就是"煮泡面"这个行为作为范例讲解学习原理。

首先，假设我们是一群完全不会煮泡面的人，脑中负责"煮泡面的方法"的神经元并不发达。虽然很少见，但世界上的确存在不知道怎么煮泡面的人。这些人的脑海中存在着"泡面"这个神经元，也有"在泡面里加蛋会很好吃"的神经元，却没有"如何煮泡面"的神经元，所以只要学会"如何煮泡面"，那他们脑中负责"如何煮泡面"的神经元便会生长，并且通过突触与其他神经元相互联结。我现在从厨房拿了一包泡面，包装背面写着的料理方法如下：

一、将550毫升（三杯左右）的水煮开后，将面饼、调味粉、配料、昆布放入水中煮5分钟。

二、将这样料理好的泡面装在碗里，享用美味。

三、搭配白煮蛋、豆皮或各季节出产的当季新鲜蔬菜一起享用，就能让泡面更美味。

现在让我们通过学习"煮泡面的方法"，一一检视储存记忆的四个阶段。

具体的经验：用眼睛熟悉料理方式

首先我们会阅读料理方法。用眼睛看包装上的文字，就是一种视觉刺激。对完全不懂得如何煮泡面的人来说，这些文字就像课本上的实验步骤。就像在学校上新课程时所感受到的一样，我们无法立刻在脑海中勾勒出第一次接触到的事物应该是什么样子的。对不会煮泡面的人来说，包装上的内容就只是普通的文字，而这就是大脑学习循环中的第一阶段——具体的经验。

反思的观察：为了理解而查找长期记忆的内容

大脑为了理解料理方式，会开始翻找长期记忆。例如，读到"500毫升的水"这个部分，会想到以前运动时喝的500毫升的矿泉水瓶，接着想到"加入比那个矿泉水瓶稍微多一点的水，就会是550毫升"。透过已经了解的内容去思考，仔细拆解新信息的过程，就是反思的观察。

能做到反思的观察，就是因为我们手上掌握部分已知的情报，也就是已经学到的一些知识。如果遇到的是完全未知的内容，那根本不可能做到"反思的"观察。从来不曾煮过泡面的人，虽然不知道什么是调味粉跟配料包，但能够理解料理方法的原因，就在于他们至少读得懂包装上的字。那如果今天拿到的是一包泰国泡面呢？

我曾经在旅行时买了几包泰国泡面回来，回到家想煮时才发现，因为完全不懂泰文，所以根本看不懂包装背后所写的料理方式。即使利用视觉实际经历"阅读文字"这个过程，仍然不能做到"理解"内容的反思观察。不过幸好有两个能够推测到底是什么意思的部分，那就是"350"和"3～4"这几个数字。我认为这几个数字代表"350毫升"与"3～4分钟"的意思，所以才能顺利把泡面煮好。能够做到这样的推测，正是因为我们已经拥有了煮泡面的知识。

抽象的假设：付诸行动之前，回想起许多东西

读完料理方法之后，接着该付诸行动了。

我们在开始行动之前，会先在脑海中描绘各式各样的情景。"有锅子能装得下550毫升的水吗？""搭配新鲜蔬菜一起

吃应该很美味，冰箱里的葱、黄瓜和薄荷叶当中，哪一个比较适合泡面？"我们会一边向自己提问，一边确认这些想法是否与我们所理解的内容相符，而这个过程就是抽象的假设。

活动的实验：将想法付诸行动

最后是执行的阶段，就是将大脑理解的内容付诸行动。在实际尝试之后，我们通常会发现结果跟一开始想象的有些差异，像是发现水加太多或忘记在正确的时间把火关掉等。试想，如果在泡面中加了薄荷叶会怎样呢？那个味道就交给各位自己想象吧！

经历活动的实验后，我们会得到成果。第一次尝试煮泡面的结果，是获得一锅汤很清淡、面条泡得很涨且有牙膏味的泡面。我们通过眼睛看见这个结果，用鼻子闻到味道，并用舌头品尝其滋味。通过视觉、嗅觉与味觉接触到的结果，会再度成为具体的经验，这个经验将会延续成反思的观察与抽象的假设，并让我们在下次少放一点水、设置 5 分钟的计时器、用葱代替薄荷，这就是四个阶段的循环。

就这样再多煮几次泡面，我们就能成为煮泡面大师，之后便能随时煮出美味的泡面，这也代表我们已经完全学会了如何煮泡面。在这段练习的时间里，大脑中负责"煮泡面的方法"的神经元不断生长，也通过突触与其他神经元联结，表明"煮泡面的方法"确实已经储存成为长期记忆了。为了达到这个目的，记忆储存的四阶段循环必须完整且不断重复，而这也是我们必须关注的重点。如果遗漏其中任何一个阶段，就无法完全精通煮泡面的方法。例如读了料理方法，却只想象而没有实际去煮，或是煮好后从来没确认过味道究竟如何，那就无法成为一个能把泡面煮好的人。这种人煮出来的泡面可能会有味道太淡、面太软烂等问题，或许还真的会有牙膏味也说不定。这种人煮出来的泡面，大多只能得到"惨不忍睹"这样的评价。

让我们把煮泡面的方法换成学习再思考一下。精通煮泡面方法的过程，就像精通一门从未学习过的科目。我们借由读书、听课开始学习一门知识，这是具体的经验。除此之外，我们也会以事前获得的知识为基础，努力理解该知识的内容，这则是反思的观察。接着我们会练习解题、确定一个报告主题并深入思考，推测："如果用这种方式活用这些内容会如何？"这个阶段则是抽象的假设。实际解题、写考卷、正式提交报告是活动的实验。接着，通过计分、批改或称赞等形式，获得针对上述成果的反馈，这便是再度回到具体的经验这个阶段。

经过这四个阶段的循环，学习的内容便会储存在脑海中，重复这个循环的同时，记忆会渐渐变得深刻。若遗漏任何一个阶段，学习内容便无法完全进入脑海。就像煮出口味太淡、面太软烂、有牙膏味的泡面一样，这样的学习无法收获好效果。我们必须记住，如果不依照学习原理来学习，那么无论花费再多时间与金钱，我们的实力水平将始终都是一碗糟糕透顶的泡面。

记忆的储存过程，是帮助我们了解独自学习法的背景知识。掌握这个部分之后，就能更容易地了解第三章的学习原则或第五章的精神管理。这里最重要的一点，就是大脑在储存记忆时有个特殊的程序，若不遵照程序，学习的内容便不会进到脑中。许多人都没能掌握这个部分，而这也是善于学习者与一般人之间的差异。

读书时，大脑内究竟发生什么事？

配合学习原理学习时，我们的大脑会发生什么事呢？试着想象自己是安装电话通信缆线的公司的总负责人。假设我们还处在没有电话、没有通信线路的状态，现在必须首度安装这些设备，那么只要依照以下的顺序，就能让通信缆线慢慢遍布全国。

一、设置基础通信缆线

首先是设置基础的通信缆线。通信缆线铺设到一定程度之后，才会开始贩售电话。以首尔的情况来说，会先从人较多的地区开始铺设通信缆线，接着开始打广告："贺！首尔地区完成开通！现在你也能使用电话了！"

二、民众申请安装

人们开始使用电话，安装电话的申请也不断涌入。人们开始要求电信公司到自己居住的社区铺设缆线，或希望能通过电话与其他县市通信。我们以人们的要求为基础，继续铺设通信缆线的作业，我们会先把员工派去最多人提出要求的地方铺设通信缆线。

三、通信缆线"延长"，连接据点"增加"

铺设通信缆线的区域越来越多，在这过程中会发生两件事：通信缆线变长，连接通信缆线的据点增加。过去只拉到首尔市中浪区的通信缆线，现在延长到京畿道九里市，首尔地区的通信缆线也与釜山地区的通信缆线相连。通过通信缆线的延长与连接这两项工程，全国的各个角落都完成了通信缆线铺设，终于，全国所有人都能通过电话彼此传递消息。

四、发明新技术

但随着全国通话量增加，人们开始有了新的要求，电信公司开始收到希望改善通话质量的抱怨，这些要求主要来自通话量较大的地区。因为越来越多的人使用通信缆线，缆线负荷过高，通话总是延迟或中断。我们为了解决问题，开始寻找改善的方法，最后找出了一个超棒的解决方法。我们发现用特殊的物质包覆通信缆线，就能够有效提升通话质量。用特殊的材质当成皮肤包覆住铜制的通信缆线，就能够防止电子信号外漏，让信号完整传递到另一端，而且包得越厚效果越好。

五、以通话量较大的地区为中心，开始包覆缆线的工程

我们立即组织一个新团队，也就是包裹通信缆线的专门团队。这个团队的员工只负责找出已经铺设好的通信缆线，并用特殊物质包覆缆线。施工的顺序会依照通话量来决定，于是所铺设的通信缆线便与通话量成正比，逐渐变粗。这种施工方式会使通信服务的水平因居住地区的不同而出现差异。在通信缆线较粗的地区，人际间的通话清晰且快速；在通信缆线尚未包覆特殊材质的地区，人们则无法享受有效的通信。无论如何，我们继续遵循唯一的原则，依照人们的要求与通话量，持续进行延长、连接或加强通信缆线的作业。

神经细胞、突触、髓磷脂

如果你能轻松理解铺设通信缆线的故事，就能顺利理解学习时大脑中所发生的事情，因为这是在我们大脑中真实上演的故事。国家就是我们的大脑，通信缆线就是神经元，通信缆线之间的联结点就是突触，而包覆用的特殊物质则是髓磷脂（Myelin）。人与人之间通电话，是在大脑里发生的情报传递，通信缆线铺设范围扩大的过程，就像学习时大脑中所发生的事情。

人出生时便带着许多神经元，那些是不知道未来会如何使用、有着无限可能的神经元，就像开始贩售电话之前先铺设好的通信网络一样。随着年龄渐长，部分神经元的确完全消失，但我们仍然拥有无数的神经元，而且一辈子都会保有它们，这也是神经元潜力无限的证据。

学习是"将外部的刺激储存为长期记忆"，因此，开始学习之后，我们会被来自外界的刺激淹没。无论是书中看见的视觉刺激，还是耳朵听到的听觉刺激，这些刺激会顺着神经元在脑中盘旋。这时，寻找新情报该储存在哪儿，或是情报之间彼此结缘的过程会促使神经元改变，进而创造出新的神经元，既有的神经元也会变长，神经元之间会产生彼此联结的突触。就像电话用户增加之后，多铺一点通信缆线的要求也随之而来；完成铺设通信缆线的地区逐渐变多之后，通信网络就会扩大。

通信缆线延长，通信缆线之间将能彼此连接，这就是神经元的延长与联结。

在学习过程中，我们会重复接触相同的内容。我们可能用1.5倍速重复观看网络课程，也可能经常在习作里遇到课本上出现过的内容。当我们能像这样正确重复相同的内容时，与该信息相关的神经元就会产生名叫髓磷脂的物质。用生物学的角度来解释髓磷脂，就是"包覆神经元轴突的绝缘物质"，不过比概念更重要的其实是髓磷脂实际所扮演的角色。

我们吸收的信息会转化为非常微弱的电子信号，顺着神经元在脑中传递，这就像是电顺着铜线传递一样。电子信号在顺着神经元传递的过程中会外泄，使得信息在中途消失或传递较为缓慢。不过我们**如果确实能重复相同的内容，髓磷脂这种物质便会开始包覆正在传递信号的神经元。就像我们用绝缘外皮包覆铜线一样，从而减少电子信号外泄，信号传递的强度也因此得以增加**，如此一来，信息便能顺着神经元更准确、更快速地移动。这一过程就像为了以通话量较大的地区为中心改善通话质量，而用特殊物质包覆通信缆线一样。

我会用"壬辰倭乱"与"1592年"来说明髓磷脂的形成过程。[1]

---

[1] 编者按：壬辰倭乱即万历朝鲜战争，发生在1592年至1598年。

第一次读到"壬辰倭乱发生在1592年"这句话时，大脑中会形成一条连接"壬辰倭乱"与"1592年"的小路。在构成这条路的神经元上，有很微弱的电子信号流过。所以如果有人问："壬辰倭乱是在哪一年发生的？"你会必须稍微思考一下："那是什么时候？"而这代表神经元传递的电子信号泄漏了。但若复习"壬辰倭乱发生在1592年"这段内容，髓磷脂就会随着复习而渐渐将神经元包覆，让信息能更完整地传递出去。"壬辰倭乱"与"1592年"之间，会出现一条更明显的道路，接着我们不断通过那条路反复交换信息，包覆在外的髓磷脂便会越来越厚，最后促使"壬辰倭乱"与"1592年"这两项信息之间能快速交换信号。

即使没有被具体问到"壬辰倭乱是在哪一年发生的"，只要想到龟船、幸州山城等与壬辰倭乱有关的事物，"1592年"就会立刻在脑海中浮现。

我们的大脑告诉我们人人都能读好书

把学习时脑中发生的事整理起来会像这样：每个人出生时，大脑中都拥有大量的神经元。开始学习后，信息会进入脑中并顺着神经元移动。这些信息可能会储存成为长期记忆，也可能在没能储存的情况下流失。只要我们持续学习，且学习的方式符合学习原理，就能够使脑中的神经元延长、相互联结。

就像如蜘蛛网般遍布全国的通信网一样，神经元与突触将会越来越多。如果重复且准确地使相同信息持续进入大脑，经常通过相同的神经元传递信号，那么包覆神经元的髓磷脂就会越来越厚。包覆神经元的髓磷脂越厚，经由神经元传递的信息就会越强、越快，大脑能够以极快的速度，妥善处理由髓磷脂较厚的神经元所传递的信息。

现在，让我们把目光转向外部，来看看其他人的情况吧！

我们身边经常有心算很快的人，有能够迅速阅读英文原文书的人，更有一听到"法律制定程序"，就能立刻依序背出立法各个阶段的人。不过他们并不是天生就有这特别的才能，没有一个人天生拥有"四则运算专用神经元"或"阅读英文专用神经元"等定制化的配备。每个人出生时，都只有已经准备好开通启用的通信网，只是这个通信网后来常被用于做四则运算，或做与英语读解相关的训练。

同样，在任何一个领域，某些人之所以拥有比一般人更高深的知识或技术，之所以比其他人更得要领，并不是因为他们天生拥有专门负责该领域的神经元。**他们只是通过一再地重复，使负责该领域的神经元、突触与髓磷脂更加发达而已。**

简单来说，学习时脑中的神经元会变长，神经元之间会彼此联结，包覆神经元的髓磷脂会越来越厚。当相同的信号重复且准确流经该神经元，髓磷脂就会逐渐变厚。在这里我们必须记住，这件事代表我们的大脑拥有无限潜能。**这件事告诉我们，我们越是学习，大脑的性能就会越好。**脑科学向我们证明人人都能把书读好，前提是没用错方法。那么，接下来看看我们究竟做错了什么，以及学习时经常错过的要点有哪些。

"专注"的真正意义

前面我们认识了记忆储存的过程，以及学习时脑中发生的事，以上都是大脑的运作机制。从现在开始，我们要以学习原理为基础，一一检视我们过去在学习时究竟遗漏了这个机制中的哪些部分。

现在有A和B两个人，A成绩非常好，B希望可以仿效A，让自己能达到跟A一样的程度。两人坐在同一间教室里，B得以仔细观察A的一举一动。在B看来，A在上课时间非常认真地听讲，这对B来说也具有重大的意义。他想到大学入学考试中那些考到全国第一名的人，总是异口同声地说："以教科书为主轴，忠于学校的课程。"

B决定从现在开始上课时间也要认真听讲，然后也决定要跟A看一样的书，挑选参考书跟习题时，会毫不犹豫地选择A使用的版本。不仅如此，他也没有错过A的读书安排。无论是读每一个科目的时间，还是每一天的预定进度，他都调整得跟A大致一样。B认为自己现在跟A用相同的态度来听课、用相同的速度读相同的参考书，就好像是跟着可靠的导航前进一样，非常放心。他认为只要跟A学到一样的东西，就能够获得跟A一样的结果，但真的是这样吗？

我们其实完全无法得知其他人如何学习

有一个B不知道的事实，其实这件事不光是B不知道，大部分的人也都未能察觉。那就是在学习这件事情上，除了看什么书、听谁的课之外，还有其他更重要的事情，那就是"作业的方式"。想必大家都听过，"知名的书法家不会责怪笔不好，优秀的木匠不会怪罪工具不顺手"等俗谚，而这其实都是在强调作业方式的重点在于人而不是工具。学习也一样，而且学习与书法、木工艺之间存在根本的差异。这是B难以追上A的原因，更是人们误会A与B的差距是"天资"的原因。A的作业的方式，也就是学习的方法，其实存在着一些我们看不见的部分。

学习是在大脑中进行的事情。我们能看见书法家写书法时如何运笔，也能看到木匠如何操作工具创作，但无论花再多时间听课、划重点、写习作，学习仍旧是在个人大脑中进行的工程，所以我们看不见其运作的过程，只能从对方坐在椅子上的姿势、用心写的笔记、翻书的速度，来推测他们作业的方式。也因此，人们看见A跟B同样坐在同样的教室里、同样用心听讲，就会推测他们在做相同的事情，并预测两人会有相似的成绩，但这样的预测并不准确。

B无法借由做这些事情，轻易缩短与A之间的差距。很多人会在这里做出结论，认定两人做了相同的事结果却仍有差异，是由于"天资"不同。不过就如我们前面看到的一样，这个结论大错特错。人们的预测之所以出错，是因为整个脉络本身就不对。因为除了A和B本人之外，其他人都无法得知他们究竟是不是做了"相同的事"，我们从外围无法观察到他们真正的行为。

如果B没有以"天资"为借口放弃学习，而是继续思考该如何才能让自己更好，进而改善作业的方式，那会有什么结果？B与A之间的差距有可能缩小吗？当然可以。我们已经在学校、职场、每一场考试中，无数次见证这些事情发生。而且当这些事情真的发生之后，B已经不仅是外在的行为跟A一样，而是连大脑都用跟A差不多的方式学习。我们已经在前面解释过，那究竟是怎样的一种方式。

那是按照大脑的记忆储存程序、依照提升大脑性能的方法学习的方式。

B的故事其实可以套用在每个人身上。如果想变得跟A一样，不，如果想大幅超越A，让自己竭尽所能达到可能的高度，就必须配合大脑的运作方式，按照提升大脑性能的方法来做事。不过我们一直以来都没有这么做，这就是问题所在。我们一直像空转的车轮，而空转会给引擎带来负担，也会消耗燃料，却完全不会推动车子前进。不依照大脑运作的方式学习，只是漫无目的地努力，就像汽车空转使引擎过热、燃料耗尽一样。用这种方式无论如何努力，都只能原地踏步。

一直以来无法读好书的原因

再次重申，学习是将外部刺激储存为长期记忆的过程，为此，我们必须按部就班地依照大脑储存记忆的程序去做，才能让学习内容完全进入脑中。这个过程可分为具体的经验、反思的观察、抽象的假设、活动的实验等四个阶段。若要从这些学习原理当中，选出一个人们比较容易疏忽的部分，那应该就是反思的观察。

　　反思的观察是将新接收到的信息跟自己已知的知识进行比较与对照，进而理解新信息代表什么意思的阶段；这是必须在"意识"中完成的过程。

　　以前面的学煮泡面为例，料理方式中有"将550毫升的水煮沸之后……"这样的内容，如果想大概掌握550毫升的分量，就必须动脑思考，这样才能推断出"是比500毫升的矿泉水瓶再多一点的量"这个答案，进而得到"550毫升"这个信息所具备的意义。为此，如果在用眼睛阅读"将550毫升的水煮沸之后……"这个部分时只是看过去，脑中并没有浮现任何这段文字所代表的意义，那就像只是用嘴巴逐句念出难懂的英文句子之后，便直接带过而没有深入理解一样，不会有任何东西输入大脑。

　　就像这样，当产生具体的经验时，努力让自己做到反思的观察，这个过程就被称为"专注"。其实在学校教室里、军队中、职场中等许多地方都经常提到"专注"，但很少有人真正知道这个词代表什么意思。

　　那么，究竟该怎么做才能说是专注呢？是挺直腰杆，将视线集中在一个地方吗？不是。把对方说的话一一听进耳里、像拍照一样把每一个字背下来，也都不能算是真正的专注。**真正**

的专注，是在阅读"550毫升"这段内容的同时，在脑中梳理其所代表的意义，也就是翻找之前所累积的知识，并联想到"500毫升的矿泉水瓶"。可惜的是，学习过程中有太多人并不专注，说得更准确一点，是真正专注的人并不多。如果想要做到真正的专注，就必须在读书或听课的同时，在脑中持续思考"这部分可以这样跟之前学过的内容联结""这些内容跟那些内容原来有这样的差异"。唯有这样勤奋地专注，才能进入记忆的储存循环。

我们看到一个真的很不会读书的学生时，常会觉得学生是"根本没有理解内容"。人们会无奈地想："已经解释这么多了，为何还不懂这么简单的事？""你现在都几年级了，为何还不懂这些？"你很好奇为什么会有这种结果吗？答案很简单。只要一天花12小时坐在教室里，且听课时不要做反思的观察，就能获得这种结果。简单来说就是让老师对牛弹琴，老师说的话左耳进右耳出，把听课当成听连续剧原声带，这样一来，课程内容等听觉信息就不会被纳入记忆储存循环。即使花再多时间坐在书桌前读书、听课，若没有做反思的观察，就不会有任何效果。

没有自然而然就会背这种事

有些人在读书时，会期待"过段时间，就能完全把课本上的内容记下来"。这种想法其实是期待利用下意识的重复阅读，取代有意识的反思观察。这一类的人认为，只要重复读书、重复听课，就能像《沈清传》[1]里的盲父沈学圭突然重见光明一样，让学习内容彻底进入脑中，但这样的期待其实是错的，学习不能这么做。

我并不是说这种学习方式绝对没用。其实，一个把读书当休闲活动、偶尔看看书的人这么做固然无妨，不过如果是要考试、要就业、要提升能力，是为了一个特定目的而学习的话，那用这种方式绝不可能成功。

《7次阅读学习法：东京大学高材生的制胜法宝》的作者山口真由，在她的书中提倡的"不特别去背也能完全记住"的理念，也可以套用在这个原理中。山口真由还在读东京大学时，就已经通过司法考试与高级公务员考试，最后更以全校第一名之姿从大学毕业。她透露自己学习的秘诀就是独自学习，并反复阅读直到将内容背下来为止。她表示，不需要想尽办法记住书上的内容，只要反复阅读直到记下来就好，这是大家都耳熟

---

[1] 编者按：朝鲜三大古典名著之一。

能详的方法。不过山口真由所说的这个学习秘诀其实已经用到了反思的观察这个技巧，只是大多数人被其他观点吸引，没有注意到这点而已。她在书中是这么说的：

"我们要用主动的阅读启动大脑。不要再像以前一样，只是单纯地让信息流过大脑，而是要在阅读的同时，自问：'这样理解对不对？'随着阅读的次数增加，阅读就能逐渐从被动的阅读变为主动的阅读。'7次阅读'并不是机械地将文字输入大脑，而是在阅读的过程中，下意识地正确启动思考并持续整理阅读到的信息。"

看了山口真由的这本书之后，有些人会期待不必特别用脑，只需要重复阅读就能把内容背下来。不过仔细看就能发现，山口真由其实并没有以这么轻松的态度来面对学习。我们需要关注其中"在阅读的过程中持续整理信息"这句话，换句话说，山口真由所说的"只要持续阅读就一定能背下来"，并不只是单纯的阅读。

我认为，有一个例子能明确凸显何谓反思的观察，以及说明专注学习代表什么意义，这也是我认为最能解释反思的观察的例子。

这是一篇司法考试合格心得，该篇文章的主角，以第一名之姿通过大学入学考试并进入首尔大学就读，接着在司法考试中同样也以第一名录取。这样的人应该有资格被称为"学习之神"。这个人跟大家一样坐在教室里面学习,但究竟做了什么,才能获得这种压倒性的成功呢?

"就我的状况来看,我在读课本时,会努力找出该页的概念或法理与哪一页出现的哪些内容有**关联**,或是有哪些其他的内容,可以作为此概念或法理的**依据**。我将课本里的内容相互**联结**,在基础概念与法理的彼此**联结**中,尝试归纳出一个**系统**,并且做一些笔记。"

合格心得当中的这一段,是学生在解释"我用这种方法专注学习",而这整段内容就是在清楚地告诉我们,这位学生从个人的经验当中,领悟到何谓真正的专注:主动阅读、自问自答。再请数数黑体加粗的地方,就能知道一句话里面有几个"反思观察"式的行为。也就是说,这名学生的学习方式是不断将目前所阅读到的新信息,跟过去已知的其他信息相互联结。

如果某些人没有好好深入阅读本书前面所提及的内容,或许会认为这个道理就像公民与道德课本里的内容一样,是人人都觉得理所当然的学习方式。但他们要是知道这件事实行起来有多困难,肯定会彻底改变想法。

一般来说,学习法律的人会从头开始依序阅读法学课本,甚至曾经有法学教授建议:"不要去想任何方法论,每天去图书馆读100页课本就好。"每天100页,是必须用1小时读

10页的速度，连续10小时黏在书桌前才能读完的分量。法律相关书籍在大学各科系当中，算是比较厚重的课本，1000页是基本的，有一些书更是超过2000页。所以即使完全不休息，每天都读10小时，读完一本2000页的书也得花上20天，而且这还只是一科的课本。如果把不同科目的课本合起来，可以堆出一个相当惊人的高度。即使一科只读一次，也要超过两个月才能读完，所以学生也会有学习进度绝不能延宕的压力。

在前面的合格心得当中，学生提到他会边读课本边找出彼此有关联的部分，也就是说他会反复前后翻找，这样进度当然会像乌龟一样慢。而这就是为什么这种看起来理所当然的学习方式，实施起来非常困难，而且也很少有人实际使用，但这同时也使这篇合格心得的主角，成为真正的"学习之神"。所以即使在读书时被反思的观察拖累读书进度，也不需要太过担心，因为真正的进度并不是每天读的页数，而是储存在大脑中的信息量。

我们必须完全依照学习原理循环，才能将学习的内容储存在脑中，但很多人都遗漏了反思的观察这个步骤。由于大多数人在这个阶段都只是虚应故事，所以即使花费时间学习，实力也不会如预期提升。如果未来不想重蹈覆辙，那独自学习时该怎么做？答案是必须真正地"专注"。读书、听讲时要积极跟上进度，不要只是左耳进右耳出；同时也要持续在脑中思考，现在所听、所看的内容是否与其他部分有任何关联。即使这种方式看起来很麻烦、进度好像很慢，我们也必须这么做。因为唯有这么做，才能使信息进入大脑。

虽然这不轻松，但只要这样"专注"，肯定会有所改变。你会很快体验到边思考边学习的感觉，也会发现自己的实力如雪球越滚越大那般逐渐提升。从结果来看，你花费在学习上的时间会比过去更少，却能在脑中留下更多信息。没有自然而然就能背下来这种事，我们还是好好"专注"吧！

先学习再熟悉，才是真正的学习

这是《论语》的第一句话："学而时习之，不亦说乎。"（学习并时常温习内容，不是一件令人很愉快的事吗？）

《论语》是孔子的弟子将孔子所说的话搜集起来编纂而成的书。孔子是谁？是喜欢学习而"发愤忘食，不知老之将至"的学习达人。《论语》的第一句话，就足以代表孔子这个人。"学而时习之"这一句话当中，浓缩了学习原理的循环。如果想确认自己学习时是否完全依照学习原理循环，那只要记得"学而时习之"这一句话就够了。

有些人学习非常认真，他们在书桌前坐很久，姿势端正，做笔记也很仔细，俨然是典型的模范生。不过要他们说明学过的内容，或是针对个人有疑问的部分向他们请教时，他们会瞬间脑袋一片空白。如果要他们做一个自己企划一份作业的项目，他们会"像一根不会说话的扫帚"一样，整个人动弹不得。我们假设这种人是一号类型。还有一种人正好与一号类型相反，他们很积极地提问、富有好奇心，无论是分组作业，还是在公司内部提出个人创意的头脑风暴会议上，他们都会经常提出"这么做怎么样？那么做不行吗？"等疑问。这些行为虽然都能赢得赞赏，但如果仔细听听这些人说了什么，就会发现这些人完全没有思考，说出来的话就像随手拿到东西便丢出来一样随便，所提的内容实在是一团乱。我们可以将这种人假设为二号类型。

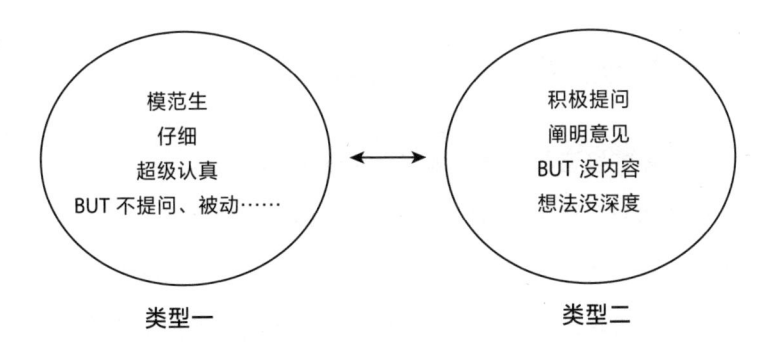

模范生
仔细
超级认真
BUT 不提问、被动……

类型一

↔

积极提问
阐明意见
BUT 没内容
想法没深度

类型二

意识到这两种类型的存在后，你会发现这样的人意外地多。即使不完全是一号类型或二号类型，只要我们把归类的标准放宽一些，就会发现其实生活中有许多具备这两种特质的人。各位可以想一想自己属于哪一种类型，很少有人能非常自信地说自己不属于其中任何一种。在主要采取填鸭式教育的国家，一号类型的人应该会比二号类型多一点。至于为什么会有这种倾向，是因为我们只侧重学习原理循环的其中一半。

根据脑科学家的研究，大脑的结构让我们能轻易将学习原理循环四阶段拆分，两两一组。"具体的经验—反思的观察"是一组，"抽象的假设—活动的实验"则是另外一组。要进行同一组的作业多少会容易一点，不同组之间则有一些距离，例如要从"反思的观察"连接到"抽象的假设"，就会有一点困难。

读书的双翅："学习"与"熟悉"

具体的经验与反思的观察更接近于"学习"。这是在阅读、听课的同时，理解学习内容的过程。我们通常会将喜欢读书与喜欢听课的人，称为"喜欢学习的人"。我们在具体的经验这个阶段，也就是在阅读或听课时，脑袋会同时进行反思的观察这个步骤，也就是会自然地将目前接触的知识与之前获得的知识相互比较、对照。当然，反思的观察必须有意识地进行，就像我们读到"水550毫升"时，需要稍微刻意动一下脑，接着便会自然联想到500毫升的矿泉水瓶。

抽象的假设与活动的实验更接近于"熟悉"。试着想象一下你在解题，而写这些题目的目的，在于确认是否已经熟悉数学公式或英文文法。脑袋会不断假设："这样代入就可以了吗？""这句话可以这样解释吗？"同时动手写下脑中思考的内容。如果解到一半卡住，大脑便会建立新的假设，再依照这个假设重新解题。只要回想解题的过程，就能理解抽象的假设与活动的实验是两个能自然串起来的阶段。

话虽如此，从学习阶段到熟悉阶段之间，却有必须跨越的差距。也就是说，反思的观察与抽象的假说之间需要利用类似解题或做项目之类的过程联结，但对一般人来说，如果没有接到"运用已知的信息解决这个问题"的外部指示，很少会有人主动去"整理三角形的五心"或比较"现在完成时与过去时的差异"；只要刑法教授没有要求同学"提出与过失犯罪有关的报告"，就几乎不会有人花时间主动在脑中假设一个犯罪案例，判断该案例是否为过失犯罪。为什么会这样呢？因为**如果想熟悉自己学过的东西，就必须刻意付出一些努力。**

我们回头看看前面说的两种类型。一号类型是相对较为熟悉具体的经验与反思的观察等两个阶段的人，他们擅长把书上的课文、课堂上的内容记下来，但问题在于这些搜集起来的知识就像散装的糖果一样。而要将这些各自为政的知识联结在一起，变成全新的东西并不容易，这也可以说是应用能力与企划能力不足所致。会有这样的结果，是因为这群人疏忽了抽象的假设与活动的实验，也就是说，他们虽然学了新知识，但对这些新知识还不够熟悉。这可能是因为他们在学习时没有对学习内容产生任何疑问，也可能是因为写的习作评量不够多，或是少有机会做报告或项目等需要企划的作业，可能的原因很多。为此，这些人如果想摆脱一号类型的标签，就必须去尝试自己一直以来没做过的事情。

相反，二号类型的人虽然认真完成抽象的假设与活动的实验，但在具体的经历与反思的观察上却相对较弱。这种人属于没有经过系统性学习，但还是很努力熟悉知识的类型。他们在写报告时没有深入查找资料，只用自己的想法凭空写出一整份报告。用这种方式写成的报告只是"故事"，没有核心内容。而这些人若想摆脱二号类型的标签，就应该有耐心地读书、听课、阅读，并把这些内容记下来以累积知识。也就是说，他们多多坐在书桌前，进行我们一般人认为的"学习"，延长专注学习的时间才是正解。

就像鸟必须用双翅才能飞翔一样，想要把书读好也需要

"学习"与"熟悉"这两个工具。意思是说，若想把书读好，就必须完全依循学习原理的四个阶段；若无法兼顾学习与熟悉，便无法把书读好。最令人惊讶的是，2500年前的孔子就已经知道这件事了，所以在《论语》的其他部分才会出现这样的警告：

"学而不思则罔，思而不学则殆。"（学习但不思考，将无法判断事理；只思考但不学习则是很危险的事。）

这段话的意思是说，如果只是被动学习，却不把学到的知识变成自己的东西，那就只会是一个知道很多知识的人；如果只是独自学习，却不把费力累积起来的知识吸收内化，那就会像庸医帮人治病一样，非常危险。

擅长读书的人会刻意跨越缝隙

透过一号类型与二号类型的说明，我们应该可以掌握自己过去究竟遗漏了哪个阶段，把遗漏的部分重新找回来。那么我们究竟该怎么做，才能在独自学习时兼顾学习与熟悉，不要遗漏任何一个部分呢？完整实行学习原理循环四阶段的核心，就在于刻意跨越存在于反思的观察与抽象的假设之间的缝隙。也就是说，独自学习时应该刻意做一些尝试，让自己能更熟悉书本上的知识。

方法虽然很多，但原则都是要融会贯通。我们应该要在学完一项知识后，主动确认自己是否真的懂了。"①阅读；②背诵；③确认是否记下来"的三步骤原理在这里也适用。我们可以写评量习作、写笔记、向朋友解释、画出思维图或是留下一段整理的文字，等等。不然也有最简单的方法："把书合上再学"。简单来说，相当于第三步骤的所有尝试，都属于"熟悉"的范畴。

擅长读书的人都很擅长熟悉知识。其实，只要擅长读书，就已经能跨越学习与熟悉之间的那道缝隙了。擅长读书的人会在熟悉的过程中发现尚待加强之处，并在补足该部分的同时逐渐变得完美，这样自然不会有书读不好的问题。我们来看一个例子，便能更明确地了解熟悉的力量有多么强大。

想必各位都有在看完电影后与人讨论剧情，或是看完书之后写下读书感想的经验。只是单纯看完一部电影，跟看完电影后再和人讨论剧情，过了一段时间之后，哪一个印象会比较深刻呢？读完就收起来的书，跟写了读书心得的书，过了一段时间之后，哪一个印象会比较深刻呢？通常都是后者。因为后者已经超越了学习，进入熟悉的阶段。这个简单的例子告诉我们，**学习完后必须花时间熟悉**，这样才是完全走完学习原理循环，让知识储存在脑中。

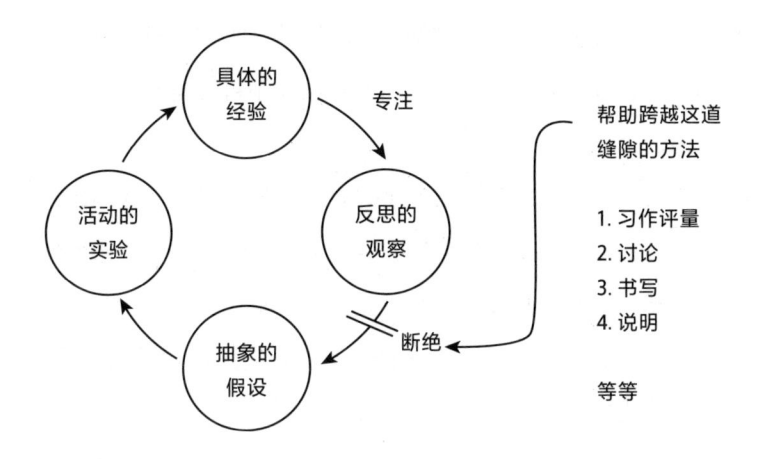

```
         具体的
          经验
          ↓ 专注              帮助跨越这道
   活动的        反思的         缝隙的方法
   实验          观察
          ↑ 断绝              1. 习作评量
          抽象的              2. 讨论
          假设               3. 书写
                          4. 说明

                          等等
```

我还是大学生时，学校有卫生室这个设施。卫生室离我很近且挂号费也很便宜，所以每次有感冒之类的小问题时，我都会去卫生室报到。那里主要是年轻的公共保健医生在看诊，他们在看诊时非常仔细，这点和一般大医院的医生不一样。他们甚至会向我解释我听不懂的地方，例如，我只是因为感冒全身酸痛去卫生室，他们会向我解释说："这是感冒造成的酸痛，我会开 A、B、C 三种药给你，A 这种药有哪些成分，特征是这个，会有这些副作用。一起开处方的 B 则有这些成分……"起初我只觉得是因为卫生室的医生特别亲切，但某天跟我一样去卫生室就诊的朋友，看到医生的行为却说："他们是为了帮助自己学习，才花这么多时间说明。"**学习效果最好的人，其实是教授这项知识的人，因为教导他人是一种高强度的熟悉活**

动。试着教导他人了解一项知识，就能够立刻掌握自己懂与不懂的部分。如果脑袋里没有任何知识，便不可能将知识教授给其他人。

那时，我突然想起自己高中时经常帮朋友解答课业问题这件事。每次同学问我课业问题，我总会详细说明，即使对方没有询问相关内容，我还是会积极跟他们分享相关信息。为什么我会这么做？当然是希望朋友们都可以学得更好，不过这同时也是因为当时的我很清楚，多教别人一次，那些内容就更不容易忘记。得到解答的朋友很感谢我，而我同时也很感谢他们问我问题。这是一个小小的诀窍。

独自学习时，如果有经常忘记的部分，就算是刻意找人来教，也一定要试着讲给别人听一次，因为教过之后就不会忘记了。经济学家亚当·格兰特（Adam Grant）在《沃顿商学院最受欢迎的思维课》（*Give and Take*）一书中指出："经常给予的人将会成功。"这句话无论从学习，还是从学习原理的角度来看，都正确无误。

避免笼统的学习方法

我们都知道，即便分数相近，还是有些人能力比较突出；同系的同学中，也有些人较为优秀；一起做作业修同样学分的朋友中，也有人比较出色。这些特质虽然无法通过分数、等级或学分看出来，但的确有人比较优秀。所以在本章的最后，我想从髓磷脂形成的角度，来点出我们一直以来遗漏的部分。

如同前面提到的，髓磷脂是包覆神经元的绝缘物质。髓磷脂越厚，神经元的电子信号就越不会外漏，能用更快的速度传递更强的信号。在就业面试时遇到难题也能掌握回答的诀窍、遇到数学奥林匹亚竞赛等级的难题也能顺利解开、能够津津有味地阅读极厚的人文学古书等，存在于世界上的所有"出色"表现，其实都是由这层厚厚的髓磷脂创造出的奇迹。

更准确地说，髓磷脂在相同的电子信号重复流过神经元时，才会一层一层变厚。换句话说，就是"重复"和"一模一样的信号"。这里就点出一件我们一直遗漏的事：**必须"重复"且必须是"一模一样的信号"**。许多人会对学习没有自信，应该就是因为漏掉其中一项，或是两者都没有做到。其中"重复"这个部分，我们将在第三章做更详细的说明，在此先聚焦于"一模一样的信号"这一点。为了解一模一样的信号代表什么意义，我将以高尔夫球举例。

即使都是 100 分也并非完全相同

　　想提升高尔夫球实力，最重要的动作就是挥杆。虽然挥杆看起来很简单，但有许多人花费大量金钱与时间，只为了做好这一个动作：手臂的角度、身体转动的动作、将球打出去之后的姿势，甚至连十根手指头该如何握住球杆等，每一个细节都至关重要。为了熟悉最理想的动作，人们会一点一点地矫正姿势，一天练习上百次挥杆，他们的目标是无论何时在哪里挥杆，都能做出理想的完美动作。真正有实力的高尔夫球选手，每一次挥杆的动作会完全一致，即使拍下上千次他们挥杆的样子再全部叠在一起，看起来也会像是同一张照片。为了能做出一模一样的动作，他们不断接受矫正，而这正是发送一模一样信号的练习。

　　学习与高尔夫球挥杆并没有太大不同。我们必须送出一模一样的信号，与该信息相关的神经元外所包覆的髓磷脂才会变厚。例如，初中时我们都学过"三角形的内角和是 180 度"，但针对该内容所送出的信号的准确度却人人不同。有些人非常精准地理解这个概念，他们会一边写出类似数学课本里的验证过程，一边向他人说明三角形的内角和是 180 度这件事。不过也有些人只用眼睛读过验证过程，大致了解一下是什么情况之后，背下三角形的内角和是 180 度这个结论就带过了。这两种人的神经元外所形成的髓磷脂，厚度自然会不一样。

学校期中考试很可能不会问三角形内角和的完整证明过程，也就是说学校的期中考题并不难，所以通过神经元送出一模一样信号的人，跟送出马马虎虎的信号的人，或许同样能在学校期中考试里拿到 100 分。这样的结果，也会让人觉得似乎没必要让神经元发送这么精准的信号。不过即便同样是 100 分，也不代表两个人的实力相同，只是这次考试没能看出实力差距而已。换言之，虽然同样拿到 100 分，但实力（髓磷脂的厚度）却不一样。如此的差距，当考试题目很难时，立刻会在分数上看出有意义的落差。这也是为什么每年大学入学考试的问题难易度，都可能会让分数在前段的同学吃亏，让分数在中段的同学获益。人们在拿到好分数的当下都会很开心，但这其实是错误的态度。因为如果你用马虎的态度学习却仍能得到不错的分数，就应该认知到自己其实只是运气好，才拿到这么好的分数。长远来看，最后的成果终究还是取决于你真正的实力。

而考题要是出得很难，就能够鉴别出实力的差距，也能让更有能力的人进入有能者的集团、进入更高等级的学校、晋升到更高等的职级。我曾亲眼目睹朋友初中时成绩还不错，但到了高中就渐渐退步，也看过跟我同一批进公司的人，工作能力随着年资的增加不断精进，而这就是停滞者与精进者之间的差异。这也让我们了解到，为什么有的餐厅主厨做了10年炸酱面，手艺仍然原地踏步，但也有人从厨房杂役做起，最后却能成为一流的餐厅主厨。

总是马马虎虎、随便发送信号的人，跟每次都精准发送相同信号的人之间，就存在着这样的差距。髓磷脂是不会骗人的。

如何让神经元上的髓磷脂变厚？

那么，独自学习者该怎么做才能让髓磷脂变厚呢？重点就在于要战胜想打马虎眼、虚应故事的诱惑，并持续发送精准的信号。

首先，从一开始就要养成正确学习的习惯。例如，在学"熵定律"或"极限效应"等第一次接触到的概念时，我们必须用工匠拆解时钟，修理好后再把每个零件精准放回原位的心情来学习。也就是说，我们不能遗漏课本上的任何一个词，必须完全了解书上的内容。时钟只要少了一个小零件便无法运作，而学习也必须像组装时钟一样严格。

其次，必须特别规划时间，刻意进行精准学习的练习。以前英文老师曾经要求我们，将课文一行一行抄下来练习阅读理解。老师给我们一篇英文文章，要求我们把自己当成翻译，一行一行写出每一句英文的意思。起初我以为这和一般的阅读测验没有什么差别，但实际做了才发现没那么容易。大学入学考试的英文题目或托业阅读测验都只要求我们阅读能力可以大致读懂问题的导文，能猜出答案就好，这是一种配合考试所做的学习。不过如果继续用这种方式学习，就无法培养精准的读解能力，未来需要阅读长文或原文书时会很难跟上。所以当我们无法完整地将该学的部分学会时，就必须特别规划时间，练习让神经元发送精准的信号。

当然，要发送精准的信号也不是件容易的事。试想，要厨师精准地把每一片萝卜都切成一毫米厚，怎么会是一件简单的事呢？当然必须专注练习、避免犯错，才有可能达到这个成果。你可能会很担心，要像拆解时钟一样仔细学习也许会花很多时间，不过我们必须依照大脑的运作方式学习。**学习并不能用条条大路通罗马的观念来理解**，不是一种方法可以有效增进实力但进度会很慢，另一种方法能快速推进度却很容易把学过的东西忘记，而是只有一个方法有效，其他的方法无效。

事实上，只要没有依照大脑的运作方式，学习就是无效的，学过的东西就不会留在记忆中。在这种情况下，追上规定好的进度又有什么意义呢？所以准确发送一模一样的信号，并找出方法帮助神经元更快速、更频繁地发送这个信号，就是我们唯一的选择。我敢保证，只要你开始用这个一直以来被我们忽视的方法独自学习，最后就会发现自己的实力进步得比预期更快。

本章重点

- 学习是"将外部的刺激储存成脑中的长期记忆"。

- 感觉记忆是经过视觉与听觉感受之后就会消失的记忆,也被称为超短期记忆。短期记忆会持续几分钟到几小时,被称为工作记忆。长期记忆则能够持续一天以上,是较为长久的记忆。

- 储存记忆是一种物理现象。记忆发生在脑中的神经元,有了记忆之后,神经元的形状会改变。而神经元与神经元联结的部位被称为突触。

- 储存记忆的四阶段分别是:"①具体的经验;②反思的观察;③抽象的假设;④活动的实验"。记忆是在这个规律不断循环下产生的成果,如果没有完整经过这四个阶段,便无法将学习到的东西完整储存成记忆,这是大脑储存记忆的规则。

- 事实上,我们完全无法掌握别人是如何学习的,因为学习是在脑中完成的作业。想要把书读好,就不能只是模仿别人的作为,还必须配合大脑的运作模式。

- 人天生就有许多神经元。开始学习之后,外部的刺激进入脑中,使神经元变形、产生突触,在这过程中若重复相同的刺激,与该刺激有关的神经元就会产生髓磷脂。

- 髓磷脂是"包覆神经元轴突的绝缘物质",当一模一样的信号重复流过神经元时,包覆在外的髓磷脂就会逐渐增厚。髓磷脂越厚,神经元传导信号的速度就会越快。在心算、英文阅读等所有领域,神经元与髓磷脂都能使人变得比他人更出色。

- 髓磷脂会在一模一样的信号流过神经元时变厚,所以如果用马虎的态度学习,那无论坐在书桌前的时间有多久,髓磷脂都不会变厚。我们需要精准地理解学习的概念,并且刻意花时间做与课本上一模一样的练习。

- 产生具体的经验时,也必须努力做到反思的观察。反思的观察就是刻意持续思考现在所学的内容是否能与其他部分联结在一起,这也被称为"专注"。若不做反思的观察,学习的知识便无法进入大脑的记忆储存循环,该内容便不会留在脑中。绝对没有不用思考,久而久之就会自动背下来这种事。

- 具体的经验与反思的观察类似"学习",而抽象的假设与活动的实验则类似"熟悉"。人脑的结构很容易认为学习与熟悉是分开的两个部分,但如果想把书读好,那么学习与熟悉缺一不可。

- 更专注,让髓磷脂获得更多重复的信号,挑选自己不熟悉的部分练习,才能说是依照大脑的运作方式学习,这也是能让独自学习更有效率的学习方法。

提高学习效率的五大法则

掌握学习大原则，才能终生受用

现在，是时候来具体谈谈该如何学习了。在此并不是要谈细节的要领，而是会以大原则为主要内容。虽然也会同时提供实践原则的详细要领，不过核心还是大原则。为什么不谈论要领，而是谈论原则呢？原因很简单，那就是原则胜过要领。

世界上有很多学习方式，但大部分都只是将核心原则套用在个别的状况之上，进而创造出来的要领而已。即便那些方法乍看之下非常有效，但实际去做便会发现结果令人不太满意。人们拼命寻找适合自己的读书方式，却始终不见成效的原因，就在于人们执着的都是要领而非原则。因为不知道方向，所以很彷徨。

第一个原则是"运动"，我会说明为何我如此肯定学习必须从运动开始。第二个原则是"目标"，我将介绍设定目标的方法，以及使目标更加清晰的方法。第三个原则是"重复"，能囊括所有学习方式的唯一一个终极秘诀就是重复，我们将了解重复的力量。第四个原则是"深度专注"，我们将讨论如何通过专注的三个条件，显著提升学习质量。最后一个原则是"零碎时间"，我们将掌握能够拥有充足的睡眠、充足的玩乐时间，也同时能够把书读好的要领。

其中，因新冠疫情影响而使独自学习时间剧增的人，必须特别关注的原则就是"运动"与"专注"。身体的活动量一旦减少，大脑也会变得不活跃，所以我们需要花更多时间刻意活动身体。此外，独处的时间其实就是不受干扰、能够提升专注度的时间，没有比这更适合活用专注这项原则的机会了。以上五点就是独自学习的每一个人所需要的学习原则。了解并实践这几个不变的原则，就不需要烦恼学习的方法了。因为方向对了，就一定能抵达终点。

学习始于"运动"

村上春树、李祘[1]、达·芬奇、金容沃[2]、奥巴马……这些都是相当知名的优秀人士。他们所处的时代、所处的国家都不一样，但他们之间的共通点是什么？就是都对"运动"有着独到的见解。

写下《挪威的森林》与《1Q84》的村上春树，是每年都会被预测为诺贝尔文学奖的得主，有实力问鼎诺贝尔文学奖的国际知名小说家。与此同时，他也是知名的马拉松跑者，每年都会参加包括波士顿马拉松在内的许多全马比赛，甚至出版跟跑步有关的书。村上春树在自己的散文中曾透露他为自己写的墓志铭是："作家，以及跑者（Runner），至少不是全程走到最后。"1949年生的村上春树不仅年过六十仍继续跑马拉松，还将运动的领域拓展到游泳与自行车等铁人三项的项目。

建造水原华城、带动朝鲜后期文艺复兴的改革君主李祘，其实也是当时最优秀的武人。朝鲜时代射箭的单位称为巡，五支箭称为一巡。在朝鲜时代的国防体系当中，最重要的武器就

---

1 译注：朝鲜王朝第22任君主。

2 译注：韩国知名哲学家，号梼杌。

是弓箭，通常射三巡，也就是射出15支箭且有8支箭中靶的人，就会获得认可。那么李祘的射箭实力如何呢？根据官方记录，他射十巡，也就是射出50支箭，其中有49支箭会中靶。剩下的那一支并不是没射中，而是连续射中了49支箭，基于谦虚而刻意将最后一支箭射空。

达·芬奇（Leonardo da Vinci）是画家、科学家兼工程师，是知名的全能型天才。不过很少有人知道，为了支撑他天才般的作业产能，他将身体锻炼得非常健壮。据说达·芬奇的力气很大，能够单手控制马的缰绳。在佛罗伦萨，若有人说达·芬奇的力气只能排第二，肯定会让他感到难过。

金容沃是韩国当代的哲学家兼思想家，通过书籍与讲座带给我们许多教诲。1948年出生的他，光是在2000年以后出版的书籍就超过50本。他在参与许多讲座的同时，也活跃于电视节目，更发表了许多个人智慧的结晶。要怎么样才能做到这么多事呢？秘诀就在于严格的体力管理。梼杌先生的家中有锻炼体力用的双杠，就是会在学校运动场看见的铁制双杠。他至今仍会利用双杠进行摆动、倒立。

最后是美国第一位黑人总统贝拉克·奥巴马（Barack Obama）的故事。他在自传《奥巴马的梦想之路》（*Dreams from My Father*）中，坦承自己在年轻时曾经吸食毒品，成绩也并不好。某天，他突然对"肉体的健康促进精神的健康"这句话很有感触，于是开始每天跑3英里（约5公里）。就这样，开始运动的奥巴马的人生有了彻底的改变。他当选总统之前，在全国跑竞选活动时，随行工作人员最重要的工作之一就是帮他预约健身房。无论是清晨还是深夜，奥巴马每天一定会运动90分钟。奥巴马曾说自己"不运动时便是辞世之时"，即便是总统就职典礼当天，他仍然在白宫做运动。

擅长运动的人也擅长读书

或许读到这里，某些人会感到意外："为什么学习和运动有关呢？"其实，我在意识到运动的重要性之前，也认为运动与学习没有任何关联。高中时大家都认为擅长读书的人，肯定都是不运动的"书生"。我记得我们甚至还开玩笑说："会不会以后进了首尔大学反而当上体育社团的主将？"当时之所以会这么说，是因为我获得导师的许可，在晚自习时间的晚上9点可以在学校运动场跑20圈。而开始跑步之后，我的课业成绩也进步了，我本来以为自己是要流点汗才能把书读好的特殊体质。当时已经体会到真理，却不明白原来那就是真理。

进入大学之后，我立刻意识到"只会读书的书生"究竟是多么夸张的刻板印象。进入大学之后，我发现自己的运动能力在同学之间甚至无法排上中段。除了读书之外，擅长运动、享受运动、按时运动的人多到数不清。在大学入学考试考到全国第一名的学长，高中就开始上健身房锻炼，身材就像动作片演员一样好。而另一位还没毕业就通过国家会计师考试的学长，甚至还参加健美比赛得了奖。我的一位小时候当过游泳选手的同学，则一直在学芭蕾，不断精进自己的舞艺。早上校内体育馆里挤满了学生，到了晚上，4公里长的校园循环道路上，则满是慢跑的住宿生。我到那时才明白，要流点汗才能把书读好不只在我身上适用，更是在每个人身上都适用的真理。

　　为此，给独自学习者的第一个原则就是运动。我敢说，学习始于运动，想把书读好的人必须从运动开始。你仔细想想，刚才提到的那些名人，是在忙碌的生活中"仍然兼顾运动"才成功的吗？不是，正好相反。他们并不是兼顾运动仍然成功，而是"因为运动"所以才成功。

　　这里的运动，并不完全是指上健身房锻炼或报名游泳班等，走很多路、在家里做徒手运动、不断摆动身体都算是运动的一种。如果你现在突然想到一个不运动却仍十分成功的人，那我想告诉你，如果那个人从现在开始运动，他的成功肯定能更巨大、维持更久。

无论如何，都要找时间运动

独自学习的人，必须排除万难，把运动当成学习的第一个原则。许多人都忽略这件事，只把运动当成是"最好可以兼顾，没有也没关系"的事情。然而，如此一来等于是第一个扣子就扣错，所以才会让实力原地踏步。运动之所以这么重要，原因很简单，是因为所有独立的基础是经济独立，而所有能力**的基础就是肉体能力**。学习、艺术、经营事业、人际关系、做家务等，无论哪个领域，无论做什么，只要想做好一件事，就必须有良好的身体条件。拖着虚弱的身体，却想要持续创造高水平的出色成果，几乎是不可能的事。

为了让各位明白事情真是如此，我们再来看两件大家以为只需要动脑就好的事情。

首先是围棋。围棋看似与肌力、耐久力、柔软度等毫无关联，只要有坐着把棋子放到棋盘上的力气就好，但真是如此吗？我以前对"为什么最厉害的围棋棋士，不是留着白色长胡须的爷爷，而是朝气蓬勃的年轻人"这件事感到很好奇，我认为"想把围棋下好，就必须有足够的经验，而经验的累积与岁月成正比，所以年纪越大围棋就下得越好"。而这个问题，在我听了韩国第一代围棋国手赵南哲先生的话后便迎刃而解："年纪越大体力就越差，很难预测到30手之后的事情。因为在体力上输给年轻人,所以年纪大了之后开始登山锻炼体力的人,胜率反而更高。"

接下来再看看写作。通常我们也会认为,写作只需要坐着动笔就好,是一件只需要动脑就能完成的事情,这也是"知识劳动"这个词所代表的意义,不过真正在写作的作家却有完全不同的见解。原本经营爵士酒吧的村上春树,把店收掉转行当作家之后,首先决定开始培养的习惯就是每天跑10公里。他在《我的职业是小说家》一书中提到:"为了写作能够持久,最重要的是必须有充足的体力。"创作《老人与海》的海明威(Ernest Hemingway)也靠拳击锻炼身体;韩国小说家金衍珠同样也称自己是"会跑步的小说家"。

另外,通过韩国小说家赵廷来的故事,我们就能明白运动对写作来说有多重要。他为了完成小说三部曲——《阿里郎》《太白山脉》《汉江》,22年来每天花费15个小时写作。在这漫长的岁月中,为了维持体力,不失去写作的节奏,他认为最重要的就是运动。而他做了哪些运动,又是如何运动的呢?他很难额外拨出时间运动,所以他每天会做三次简单的徒手伸展,早上、中午、晚上,甚至连人在国外的时候,只要到了运动时间,即使人在饭店大厅,也一定会开始做起徒手伸展。

除此之外,由韩国漫画家尹胎镐创作的网漫《未生》,在改编成连续剧之后广受欢迎。故事中有一位老师给了主角这样的建议:"如果有想实现的愿望,就先锻炼体力吧!"如果你有真正想要的东西,就要从体力开始锻炼;如果想把书读好,就必须从运动开始。"只会读书的书生"这个形象不仅与现实不符,更是会妨碍学习的危险错觉。如果你有这种错误的刻板印象,那你就会在不知不觉间离运动越来越远。没有只会读书的书生,如果真的有这种人,那你应该立刻劝他,告诉他这样下去无法坚持太久,要通过运动锻炼体力,才能把书读得更好。

人们看见擅长运动又会读书的人,通常会说:"他竟能在兼顾运动的同时把书读好。"不,其实这句话错了。不是"兼顾运动"的同时把书读好,而是"因为运动"才把书读好。决定开始独自学习的每个人,都应该立刻穿上自己的运动鞋去运动。如果不运动,那就根本不该把书打开。我们都应该把运动当成"排除万难,必须优先去做的第一要务"。

考生更应该规律运动

除了准备正规的考试科目之外,无论面对任何考试,考生们都必须把"运动"这个科目加进准备事项中。获得巨大成功的人、在学业上有所成就的人、我的大学同学们的经验,都让我更明白这件事。而这不是只适用于特定人士的想法，而是有客观验证的研究结果支持的理论。

美国哈佛大学脑科学家约翰·瑞迪（John Ratey）教授在所写的《运动改造大脑》（Spark）中，就曾提到一件令人惊讶的事，这件事情与美国伊利诺伊州的内珀维尔（Naperville）203学区有关。

在这里，每天早上7点就开始上课，那段时间被称为"第零节"。这堂课和一般的体育课有点不一样。

学生们学的不是运球或跑步，而是穿戴心跳测量装置到操场上跑步。他们不是花时间学特定的运动技巧，而是做会流汗的有氧运动。在这堂课上跑第几名、跑了多久一点都不重要，学生的成绩取决于他们有多认真，而认真的程度可以从心跳测量装置的数字看出来。内珀维尔203学区开始实施这种特殊课程单纯是为了照顾学生的健康。由于肥胖学生的比例快速增加，他们为了因应这个问题才实施这项规定。起初大家认为，要依照目标让学生的腰围数字缩小不会花太多时间，但接下来却有个令人意外的结果，那就是学生的成绩突然开始变好了。

成绩提升与运动之间的关联，可以用第一节的阅读课来证明。某天，老师们发现上了第零节体育课的学生，阅读能力提升的速度比没有上那堂课的学生快上许多。为了了解这个现象是否与体育课有关，老师们将部分学生的阅读课挪到第八节。他们发现，虽然阅读课的内容一模一样，但第一节上阅读课的学生，成绩比第八节上阅读课的学生更好。这证明了运动完后学习，可以放大学习的效果。

接下来，又有其他的结果验证了这个结论。在大学入学考试当中，内珀维尔203学区的学生的分数，开始超越伊利诺伊州学生的平均分数。203学区的学生花在教育上的费用，较伊利诺伊州其他学校的学生少，但结果却更好。最令人惊讶的结果来自国际数学与科学教育成就趋势调查研究（Trends in International Mathematics and Science Study，以下简称"TIMSS"）。TIMSS是国际教育成就评价协会以四年为周期进行的数学、科学成就变化研究。我们不时会在新闻上看到"某国学生学业能力全球第几名"这样的报道，那就是该国学生参加TIMSS的结果。1999年全世界有23万名学生参加TIMSS考试，其中美国学生有5.9万人。内珀维尔203学区的学生希望学业成就能获得客观评价，故没有以美国学生的身份报名，而是选择独自参赛。203学区并没有特别选出优秀学生，而是让97%的学生参加这次考试。结果相当惊人，内珀维尔203学区的学生在科学考试中获得全球第一，数学则排名第六。那一年，美国学生的TIMSS成绩是科学第十八名，数学第十九名。

此后，有更多人开始深入研究运动与学习之间的关系，也持续得出运动的人更擅长学习的研究成果。下面再分享一个极具代表性的巨大研究成果。

这是2000年在美国加州进行的实验，实验内容是连续五年调查超过100万名学生的资料，资料中包括肺活量、体脂、肌力、柔软度等体能的测验纪录。根据这项研究结果，我们发现运动能力优越的学生的成绩比运动能力较不优越的学生高出了一倍。例如，在体能测验中只有一项通过标准的学生，数学平均成绩是35分；而所有项目都通过标准的学生，数学平均分数则是67分。这结果很明显。无论是内珀维尔203学区学生的事例，还是加州超过100万名学生的事例，都告诉我们运动与学习息息相关。那为什么会有这种结果呢？究竟为什么做运动就能帮助学习呢？

运动的人擅长读书的科学原因

事实上，科学已经证实了要做运动才能把书读好。如果想更精准地说明这个现象，那就不得不使用脑科学用语。不过就像即便我们不懂什么是直流电或交流电，还是能够毫无阻碍地开关电灯一样，即使无法百分之百地理解下面的说明，仍然能够穿上运动鞋去让自己流流汗。

如果你至今都没去运动过,那从现在开始就够了。要运动才能把书读好的理由有三个。

运动完后大脑会处在最佳状态

大家都很清楚,运动会使心情变好。如果没法有规律地运动,也可以试着去散步或登山。人们普遍认为,这是因为运动期间能够舒展紧绷的肌肉,遗忘带给自己压力的事物。不过脑科学家认为这种现象有更明确的解释,那就是运动能够给大脑供应新鲜血液,使大脑处在最佳状态。

大脑使用的能量大约占人体总能量的30%,而这些能量通过血液供应,换言之,血液在人体内同时扮演送货与清扫垃圾的角色。血液从心脏出发,将新进的氧气与养分配送到身体的各个角落之后,载着垃圾回到心脏,不过血液的运作并不会一直很顺畅。偶尔会有配送延迟、清收垃圾不顺利的问题发生,那就是血液循环不畅的时刻。若因此导致氧气不足、疲劳物质累积在身体各个角落,身体就会变得沉重。如果这样的现象发生在大脑,那会发生什么事?大脑会像使用杂牌引擎机油的汽车一样,感觉好像运转得不太顺畅。也就是说这会使脑袋转不太动,学习不顺利、想不出任何新点子,更会失去动力。在这时,不用说读书了,你会以负面态度看待许多事情,感觉所有问题都巨大、难解。

学习是大脑的工作，而工欲善其事，必先利其器，学习之前当然也必须让大脑处在最佳状态。我们每天都必须让大脑在顺利运转、动力十足，感觉自己能做到一切的状态下开始学习，而达到那个状态方法就是运动。以没时间为由不运动，每天都黏在书桌前的人，就像以没时间为借口，每天开着没经过维修保养的车子去参加赛车比赛一样。既然无法用最佳状态前进，学到的内容也不会进入大脑，自然渐渐失去动力。因此，每个独自学习的人都必须从运动开始，通过运动使大脑处在最佳状态，接着在那个状态下把书翻开。当你判断大脑状态不太好的时候，就立刻从座位上起身运动一下，以供给大脑氧气和养分吧。养成每天动一动的习惯，你肯定能以焕然一新的心情面对学业。

运动完后神经传导物质浓度会增加

做完运动之后，大脑突触的神经传导物质浓度会增加。诚如前面所说的，突触是神经元联结的部位，脑中的信息是沿着有如树枝一般的神经元移动的。信息在神经元内部移动时，就像沿着铜线移动的电子信号一样，不过经过神经元之间的突触时却有点不同。由于两个神经元并不是彼此紧紧联结在一起，而是稍稍有点距离的，就像动作电影里演员必须在屋顶之间跳跃一样。因为这里不会有电流经过，所以必须将信息以化学物质的形态通过传接的方式传递，你可以想成是在房子的屋顶上，把纸条绑在石头上面丢到对面。上头写有信息的纸条，以及决定该纸条能丢多远的物质，统称为"神经传导物质"。使我们激动的多巴胺（Dopamine）、使我们安定的血清素（Serotonin）、与认知作用有关的去甲肾上腺素（Norepinephrine）等，都是极具代表性的神经传导物质。

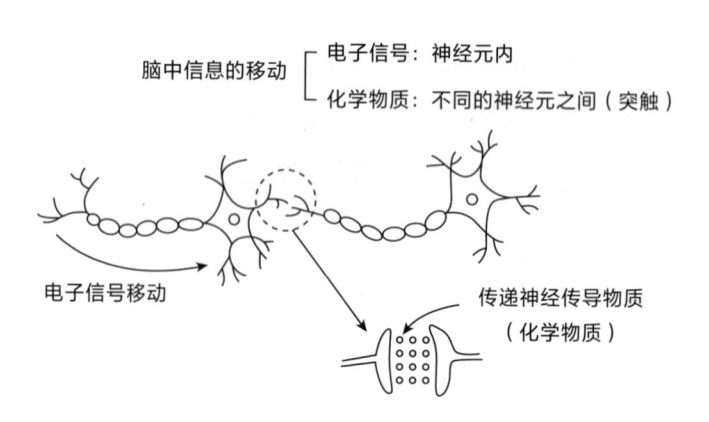

脑中信息的移动 ｛ 电子信号：神经元内
化学物质：不同的神经元之间（突触）

电子信号移动

传递神经传导物质
（化学物质）

实际上，准确地说，不仅是浓度增加，神经传导物质之间也会更为平衡，也就是说大脑的运作会更顺畅，让我们在屋顶之间可以更有效率地传接更多的纸条，进而使许多情绪问题也迎刃而解。其实我们经历的情绪问题，很多都是因为神经传导物质的平衡遭到破坏而产生的。美国杜克大学的科学家就曾经在 2000 年 10 月的《纽约时报》(The New York Times) 上，发表运动比使用抗抑郁剂效果更好的研究结果。脑科学家约翰·瑞迪也曾说："如果有人开发出比运动效果更好的抗抑郁药，那就可以说是百年罕见的大成功。"

独自学习的人不能让自己的能量被抑郁症和不安等情绪消耗、抢走，同时大脑也需要专注于眼前的课业，简言之，就是必须变成"屁股黏在椅子上，整颗头埋进书里"的状态。这样的状态就能调节神经传导物质，而运动是达到这个目标的最有效的方法，这也是每个独自学习的人在开始读书之前都应该先去运动的原因。

运动能帮助神经元成长

任职于加拿大麦吉尔大学的一名心理学家带了几只实验用的老鼠回家，要他的子女把这些老鼠当成宠物养几天。当时实验室的管制还很松散，并没有针对这些事制定规范，但这件事却带来了意外的结果。

这名心理学家发现，这些在家中尽情奔跑后再度回到实验室的老鼠，学习能力有了显著的提升。同时，美国南加州大学老年病研究所也发表了类似的研究结果。实验人员将老鼠们分为几组，分别让它们在轮子上跑2天、4天、7天，同时不让比较组的老鼠运动。接着他们观察老鼠的神经元，发现运动后的老鼠神经元不仅成长得更多，而且成长的程度与运动量成正比。

在第二章中我们曾经说明过，记忆是一种物理现象。神经元数量增长后，记忆储存的空间就会增加，其实就相当于盖了更多仓库的意思。而当神经元增长，就能有更多的信息在大脑中运转。请试着回想前面提过的，铺设更多电话通信缆线后，通话量就会增加的例子。就像实验人员在老鼠身上观察到的一样，运动之后神经元会成长得更快，这句话的意思就相当于增加了仓库、铺设了更多通信缆线，这样一来大脑的功能自然会越来越好。

不过，不是漫无目的地跑就能让每一个人都变成天才。运动确实会让神经元成长，不过该神经元的角色尚未决定，那是一座空着的仓库，是一条没有人使用的通信缆线。这条新的神经元若在一定时间内没能找到自己该做的事，就会自己消失。既然没有用处，那么仓库与通信缆线自然就应该拆除，所以我们应该在这种事发生之前，尽快赋予新的神经元应扮演的角色。赋予角色的方法就是给予来自外界的刺激，如学新的乐器、去没去过的地方旅行、熟悉新的技巧等，必须给予来自外界的刺激，才能使新生长的神经元保留下来。而这里所说的

"将外界刺激储存成长期记忆",就是学习。

简言之:**运动完后产生新的神经元,必须学习才不会让神经元消失**。持续运动与学习,脑袋就会渐渐变好,从结果来看也会让成绩更好。如果你是个运动能力出色,但对读书没有自信的人,那你从现在开始就能更有自信一点,因为运动是学习最好的朋友。擅长运动的人,他的大脑也很擅长创造新的神经元,一旦这种人开始认真读书,结果肯定比不运动的"只读书的书生"更好。相反地,"只读书的书生"则必须记住:要运动才会产生能储存学习内容的神经元。即便勤劳地耕作,若没有能够用来储存的仓库,收获的农作物会有大半只能放着腐坏。

给独自学习者的运动指南

若一直以来,你都完全没听过跟运动效果有关的事情,那你可以感到开心了。因为这就像是被发现装载在我们体内,却从来没用过的火箭引擎一样。那么独自学习者具体该怎么运动呢?

- 每天运动。
- 先运动再读书。
- 感觉大脑状况不好时就去运动。

我以上述的原则为基础，给独自学习者提供以下几个运动的方法。这些原则实践起来很有效且不会有困难，从中选出自己做得到的亲自尝试，再配合个人的情况进行改善。

每天去健身房或体育设施

我下班后都会去健身房，几乎每天都去，即使加班或聚餐也不会想休息。我的运动时间不会很长，通常都是 40 分钟左右，长一点也不会超过 60 分钟。真的很不想去的时候，就会带着"就运动 15 分钟"的想法走进健身房。有些人或许会想"在公司工作一整天已经很累了，还能去运动，真是了不起"，不过就像我一直以来所说的，事实上正好相反。每个人下班之后都很累，因为我们就像一台引擎因机油脏乱不堪的汽车一样，大脑里堆满了疲劳物质。我们通常会在这个状态下回家吃晚餐，再喝瓶啤酒，之后便不想做别的事了。这样一来，当初野心勃勃拟订好要在下班之后"属于我的私人时间"做的计划，总是会以"从明天开始"为借口不断推迟下去，但到了明天依然又会是"从明天开始"。为什么会这样？因为堆满疲劳物质的大脑并非处在最佳状态，而这样的大脑自然不会有任何欲望或意志力去做任何事。

如果有能让你运动的地方，那就每天都去一趟吧！如果你是上班族，下班之后就先去运动。越是疲劳、越是无力，就越应该去运动。如果你很抗拒，心想"已经很累了，要怎么去运动"的话，这表示你还没了解到运动的效果。适当的运动不会消耗你的能量，反而能够帮你充电。要运动大脑才会获得氧气与养分，所以在疲惫时去运动，其实就像为电量所剩无几的智能手机接上充电器。

如果没有时间，就算只是短暂的时间仍要运动

我时不时会一边想着小说家赵廷来的事情，一边做徒手伸展。徒手伸展不需要穿鞋，只要从椅子上站起来在房间里面做就好。也许会有人想做这点徒手伸展到底有什么用，但实际做了之后就会发现感觉很不一样。视频网站上有很多类似"国民伸展""青少年伸展"这样的影片，长度大多只有5分钟。我会配合影片的音乐，重复做两次徒手伸展，这样顶多也才10分钟。不过只是运动10分钟，就能让大脑变得非常有活力，尤其是在不想读书时做运动，效果更为显著。

如果你不相信，那只要试试看就知道了，体验这个效果的时间只需要 10 分钟。做我说的这些运动，虽然无法让你去参加肌肉爱好者的健美大赛，但能够让你眼睛发亮地翻页继续读接下来的内容。我有一个大学朋友，他住在宿舍时每天都会在房间里面做 450 次伏地挺身。去健身房要花很多时间，但又不能不运动，所以他选择这个第二好的方案。你也来每天做 450 次伏地挺身如何？不妨试试以下方法：

（一）放一个闹钟在旁边，每当秒针指到 12 的时候，就做 15 下伏地挺身，大约会花 20 秒。

（二）在秒针再指到 12 之前，有 40 秒可以休息。

（三）用这种方式每天做 30 分钟，一共能做 450 下伏地挺身。

换言之，时间和地点其实都是借口。只要下定决心，我们即使不离开房间也能够运动。

零碎的 5 分钟就够了

不久前，我收到别人送我的智慧手环，那个手环有供运动的人确认心跳数的功能。有趣的是，这个手环每过一个小时就会响一次，通知使用者要起来走 250 步。我认为这个功能非常有用。虽然另外规划时间运动也不错，不过这种利用零碎时间做点运动的做法，也可以带来很大的帮助。即使只运动5分钟，也可以让专注力大幅提升。以下是我跟朋友实际用过的方法：

（一）工作到一半感觉注意力涣散时，就去爬公司的楼梯。我们公司从地下一层到屋顶共有八层楼，往返两次就能转换心情。

（二）上午和下午分别在空会议室里做深蹲。20下一组，共做五组，有助于找回专注力。

（三）会议室旁的休息室里有简单的运动器材，每次去洗手间的时候就拉10下单杠。光是凭借这样简单的规律运动，一天就能够拉好几十下单杠。

（四）无论是复印文件还是等地铁，站着的时候都要习惯性地反复踮脚尖以运动小腿，这是为了抓紧零碎时间运动而建立的规则。

这或许不是什么厉害的方法，不过有没有利用零碎时间运动的习惯，结果差别其实非常大。即使不以加州的上百万名学生为例说明，我也能很明确地告诉大家这之间的差异。若想知道究竟有什么不同，只需要亲身体验就好。感觉到专注力下降时，就花5分钟运动一下，然后再坐回书桌前，试着感受一下那是怎样的心情。

成功临时抱佛脚的关键是运动

我经常被问到，如果不得已要临时抱佛脚该怎么办，其实这时利用零碎时间运动最能发挥功效。**临时抱佛脚最重要的一点就是要像短跑一样，在需要临阵磨枪时维持紧张感。**换句话说，成功的关键就是不被不安、担忧影响，让大脑维持在最佳状态。而能让这件事情成真的最佳工具，就是零碎时间的运动。无论你是觉得自己专注力下降，还是突然产生"现在做这些有什么意义吗"之类的悔意，都必须意识到这其实是要你去运动的信号。不然就干脆设置闹钟，每隔固定时间就起来运动5分钟也好。

运动对独自学习者尤为重要的原因

独自学习时很容易产生怀疑、不安与孤单等负面情绪，而这些危险因子，很容易吞噬独自学习的众多优点。我们甚至可以说，只要能好好管理自己的精神状态，独自学习几乎就已经成功了一半。

每当感受到负面情绪时，不要让自己逐渐深陷其中，应该要想这其实只是我们的大脑状态变差而已。这种情况是大脑没有获得足够的新鲜血液，神经传导物质的浓度下降，各种物质之间的平衡遭到破坏所致。就像智能手机电量见底，亮起红色的警示灯一样，我们需要做的就是像为手机插上充电器一样稍微运动一下。换句话说，我可以很肯定地告诉每个独自学习者，学习的起点就是运动。

"目标明确"就能学得彻底

如果想把书读好，首先必须建立目标。让我们来看一个知名的例子。

1953年，一个实验团队曾经以美国耶鲁大学的毕业生为对象进行问卷调查，问卷的题目是："你有目标吗？"而结果如下：大学毕业时，有27%的人回答自己没有特定目标，60%的人回答有简单的目标，而10%的人回答有明确的目标，另外只有3%的毕业生，将自己的明确目标写在纸上。那之后又经过了22年，到了1975年时研究团队再度调查同一群毕业生的经济水平，发现有具体目标且把目标写下来的那3%的毕业生，所拥有的财产比剩下的97%的学生财产总和还要多。

这项研究结果只是让我们知道设定目标的威力有多么强大的例子之一，还有很多其他的故事会让我们惊讶得目瞪口呆。

比尔·克林顿（Bill Clinton）在就读法学院时期，便有将自己的目标写在纸上的习惯，而他32岁那年便成为当时美国最年轻的州长，最后成为美国总统，且成功做完两届任期。电影演员金·凯瑞（Jim Carrey）在默默无名的时期，就曾经在从文具店买来的支票金额栏上填入千万美元的数字，并与父亲约定未来将成为靠角色拿到相同金额片酬的人。14年后，他以电影《永远的蝙蝠侠》（*Batman Forever*）实现了梦想。国际知名的潜能开发专家安东尼·罗宾斯（Anthony Robbins）的著作《潜能的力量》（*Notes from a Friend*），就整理了许多类似的案例，他也在书中写下这样的结论："获得出色成功的知名人士都有个共通点。他们的成功，都有相同的第一步，那就是设定目标。"

学习也和成功无异，设定目标就能把书读好。你或许会问：建立目标与学习有什么关系？当然，设定目标并不是学习方法，但设定目标之后，该目标就会告诉你学习方法。当你设定要去巴黎看埃菲尔铁塔的目标之后，能抵达该目标的方法，就会通过各种途径进入你的耳中。通过运动让大脑维持在最佳状态之后，下一个步骤就是明确设定目标了，这也是为什么独自学习者的第二个学习原则就是设定目标。

目标如何改变平凡的高中生

你或许会想"目标？我已经有目标了"，觉得设定目标并不是什么了不起的原则。考上大学、在任何考试中合格、取得证件或学习语言等，或许是我们都很清楚、身边的人也都了然于心的目标。问题在于该目标经常变得十分模糊，模糊到令人忘记自己早就已经有一个明确的目标了，甚至还需要将目标贴在书桌前提醒自己。这也是为什么人们总是不把"要有目标"这句话当一回事。这里有个例子，能让我们清楚地了解我们要如何让目标逐渐变得清晰，而我们又会如何因该目标而变得不同。

首尔大学理工学院的黄农文教授曾在《学习的力量：投入式学习法专家的学习秘诀》这本书中，分享了他儿子的亲身经历。当时他儿子就读高中二年级，担任校内社团的社长，为了准备下学期的校庆放弃了专心准备超过一个月的期末考试，使得期末考试的成绩惨不忍睹。原本他儿子在班上是第三名，但期末考的成绩实在太糟糕，也使得他儿子根本无法考上自己以原本的成绩设定的大学。距离大学入学考试只剩一年，他告诉自暴自弃的儿子，只能拼尽全力准备考试，挽回变低的成绩。

同时，他也建议儿子"以在大学入学考试中考到全国第一名为目标"。听到这句话的儿子大吃一惊，以为这是要他拼死读书的意思。他是原本班里排名第三的学生，又不是全校第一，竟然要以全国第一名为目标，究竟该读到什么程度才能达到目标呢？不过他摇了摇头甩开办不到的想法，心想："不需要勉强自己读书，跟平常一样读书就好。不过仍然要不受任何动摇，坚定地朝全国第一名的目标前进，每天都要多次提醒自己这个目标。"

　　黄教授的儿子决定先以此为目标。因为没有立刻发生什么改变，他也就像以前一样看电视、玩游戏，但黄教授没有斥责他的这些行为。黄教授只做了一件事，那就是不时跟儿子对话，提醒儿子记得自己的目标。例如，上班顺道送儿子上学时，跟儿子说"有睡饱吗？想考到全国第一名，那可不能睡眠不足喔。12点之前就上床睡觉吧""等成为全国第一名，记者应该都会来采访你，你会想说什么"之类的话。就这样过了一个月左右，儿子开始出现有趣的改变。他开始主动不玩游戏了，吃完晚餐后也不会坐在电视前说要等消化完再去读书了。一过了午夜12点要他别再读书、快去睡觉，他反而会说"我再看一点点就去睡"，甚至还会抱怨："朋友都在读书室读到凌晨2点，我要是太早去睡要怎么追上他们？"

目标导向机制的原理

为什么会发生这种改变呢？黄农文教授解释，这是"目标导向机制"所致。我们的身体是由许多细胞组成的，众多细胞为了维持生命，必须像军队一样依照指挥官的指示，有条不紊地运作。如果发生身体各部位不听使唤的事，如家中失火必须逃命但脚却不听话、胃中没有食物却不断分泌胃酸等，我们便很难维系生命。那身体的指挥官是谁呢？当然是大脑。因此，当我们的大脑设定"这就是目标"时，身体就会盲目地朝该目标前进，在生物学上也是如此。

这里，我们需要能鞭策身体朝目标前进的功能，那就是"心情"这项反馈机制。越靠近目标，就越能获得正面的反馈；越远离目标，就越会获得负面的反馈。也就是说，靠近目标时心情就会变好，远离目标时心情则会变差。试着回想一下足球大战的情况，我国球员如果踢得好大家就会开心，但如果比赛情况不顺利，大家就会悲痛万分，甚至还有些人会痛骂选手，因为大家脑中有"我们一定要赢"的目标。因为脑中有通过大学入学考试或升迁等目标，所以高中生考试得到好成绩、上班族在人事考核中获得好结果后心情就会变好。如果不想考进大学，或是很快就要辞职创业的话，怎么会因为考上大学或考核有好结果而产生好心情呢？就像这样，有目标时身体便会盲目地追求目标，若再加上心情这项反馈机制，整个过程就可以说是一个目标导向机制。

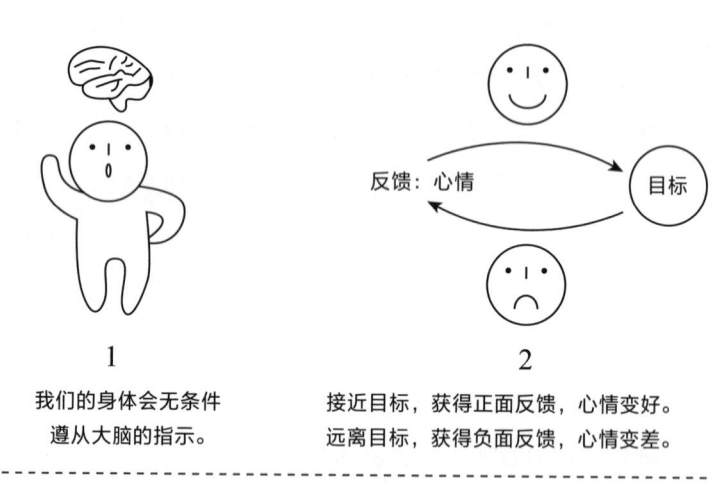

1
我们的身体会无条件遵从大脑的指示。

2
接近目标，获得正面反馈，心情变好。
远离目标，获得负面反馈，心情变差。

1+2　有了目标，并动员心情这项反馈机制，
　　　就能让全身开始追求目标。

目标导向机制

若我们从目标导向机制的角度来看前面故事，儿子发生的改变就会是这样子的：刚接触到"全国第一名"这个目标时，并没有真心把这个当成自己的目标。也就是说，当有一个神经元初次接触到"当上全国第一名"这个想法时，沿着该神经元移动的电子信号非常微弱，但如果不时地想起与目标有关的事情，"全国第一名"神经元就会不断有电子信号流

过，当神经元成长、突触相互联结后，包覆神经元的髓磷脂就会变厚。

借着这个过程，"当上全国第一名"的想法便会不知不觉间在心中扎根，成为我们真正的目标，这就是目标越来越明确的过程。

当目标变得明确，目标导向机制就会开始起作用。越接近"全国第一名"这个目标心情就越好，越远离目标心情就越差。例如，专注读书到没有察觉时间流逝，或是忍着睡意多解一个数学问题时，会让人心情变得很好，而玩游戏则会在不知不觉间让心情变差。不过因为过去已经养成了享受玩游戏的习惯，所以不会在玩游戏时感到不愉快，而是会觉得"好像没有以前那么有趣"，这会驱使我们逐渐远离游戏。这也是为什么黄教授的儿子只花一个月就远离了电视与游戏，成为专注读书的人。记住，带来改变的动力并不是忍耐与自制力，这点非常重要。黄教授的儿子所做的事情，只是选择了让他自己心情比较愉快的那一边而已。

儿子后来怎么样了呢？黄教授说："他最后没有考到全国第一名，不过考到了全校第一名，而且也顺利进入他的第一志愿学校。"这里我想再补充一件事。黄农文教授除了强调"全国第一名"的目标之外，还另外强调了一个原则，那其实就是我们已经知道的原则："每天都要运动至少30分钟"。

独自学习者的目标设定指南

想把书读好，最重要的是使用正确的方法并完成一定的学习分量。没有不付出任何努力，就能够把书读好的魔法。要从首尔到釜山必须走京釜高速公路，每个人都必须走422公里的路程，但大家都有两个选项：一是不知道这段距离有多长，愉快地踏上路途；二是虽然不想做但还是勉强自己出发。

诚如各位所知，学习是一场马拉松，由于不是短短的一两公里，所以很少有人能忍受痛苦跑完全程。如果没有绝佳的耐力，那就必须选择不会痛苦的方法，而那个方法就是设定目标。只要有目标，就会让人好好学习，因为我们的身体在生物学上就是这么设计的。那具体来说，独自学习者究竟该如何建立目标呢？

- 拥有清晰的目标。
- 反复回想目标。
- 当目标变清晰后，学习便会更加扎实。

以下，我以前面的原则为基础，提出针对独自学习者该如何设定目标的建议。这是最广为人知的方法，各位可以从中选出自己喜欢的使用。

"清楚"的目标是核心

目标是什么都无妨，但必须"清楚"。

看到因为特殊经验而拥有独特目标的人，有些人会羡慕地想："如果我也能有像样的目标，应该就会更有动力……"但其实不需要羡慕，因为带给人们力量的并不是"像样"的目标，而是"清楚"的目标。那么究竟怎样的目标才能被称为清楚的目标呢？现在就来测试一下，看看自己的目标是否够明确吧！

（一）拿出智能手机，设定5秒闹钟。

（二）读完下一句话之后按下开始键。

（三）闭上眼睛，在心里用明确的句子把自己的理想或目标说出来。

（四）开始！

必须是可以立刻或在短时间内准确地被说出的目标，才能算是清楚的目标。例如，有人说"对着流星许愿，愿望就会成真"，这句话的意思并不是说看到流星之后，仔细思考再许愿就会成真，而是在流星掉落的瞬间、在流星消失之前许愿，愿望就会成真的意思。流星会在几秒内消失呢？当你想着"啊！有流星！要许愿！等等，我有什么愿望"并开始思考的时候，流星已经消失了。要用多么迫切的心，时常将愿望谨记在心，才能够在流星消失之前完成许愿呢？目标必须达到这个程度，才能被称作清楚的目标，若你能有这么清楚的目标，你就能把书读好。

经典的目标设定法

"SMART 目标设定法"是最常见的目标设定法。据说用 SMART 目标设定法建立目标，达到目标的概率就会提升。所谓的"SMART"是以下几个单词的缩写：

- S（Specific）：具体的
- M（Measurable）：可测量的
- A（Achievable）：可达成的
- R（Realistic）：现实的
- T（Time-based）：有达成期限的

我们就以"阅读"为例。如果只是单纯以"想多阅读古典人文类书籍"为目标，就可以用 SMART 目标设定法这样建立目标：

"《论语》(具体的)，每天阅读 10 页（可测量的、可达成的），上下班时在地铁里阅读（现实的），一个月内读完（有达成期限的）。"

"BHAG 设定法"出自《从优秀到卓越》一书，作者吉姆·柯林斯就建议，要有"BHAG"才容易成功。"BHAG"的发音近似于"比黑格"，是"大、危险却大胆的目标"（Big Hairy Audacious Goal）的缩写。他会这么说，是因为普通的目标只会让我们付出普通的努力，而那些光是听就令人胆战心惊的远大目标，需要我们坚定自己的心，并付出巨大的努力才可能达成。BHAG 的经典范例，是 1961 年美国总统约翰·肯尼迪（John F. Kennedy）在国会演讲中发表的登陆月球宣言。"美国必须在 20 世纪 60 年代结束以前，将人类平安地送上月球再带回地球。"他做出这番宣言时，许多人都认为这是无稽之谈，但事实上美国却只花 8 年的时间，便将阿波罗 11 号送上了月球。

另一种"超额达成策略"与 BHAG 设定法相反，是先建立百分之百能够实践的最小目标之后，再做得比目标多一点点的方法。国际知名管理学者彼得·德鲁克（Peter Drucker）是这么说的："有效率的管理者会寻找可执行的目标，而他们大多会发现，他们能做到的许多事情，其实都能超过时间与方法所允许的范围。"对没有什么毅力、设定目标却总是失败的人来说，超额达成策略会是个有效的方法。例如，设定类似"上班路上背一个单词"这样的目标，而能够达成这个目标的人，通常都能够达到超越该目标的标准。

最后的"改善策略"源自日本。丰田汽车公司等日本企业就是以持续改善的精神，创造了日本经济的黄金年代。改善策略是以比昨天稍微好一点点为目标，不是建立遥远未来将会达成的远大目标，而是以"持续改善"为目标。美国职业篮球联赛（NBA）的帕特·莱利（Pat Riley）总教练，就是改善策略的成功代表。他总是指导选手试着将自己的最佳纪录提升1%，仅仅只有1%，虽然很小，却能达成持续改善的目标。他靠着这个方法，成为最多次荣获NBA"年度最佳教练奖"的人，更因此进入名人堂。如果想尝试改善策略，那只要和昨天的自己比较就好。例如，昨天上午读书读了100分钟，那么今天就以读101分钟为目标，重点在于绝对要比昨天的自己更好。

重复目标，直到目标变得清晰

回想一下前面说的高中生儿子的例子。其实父亲不需要去勉强他，让他过跟平常一样的生活也无妨，只是一有机会就要不断提醒他，让他绝对不会忘记自己的目标。看电视也好，玩游戏也罢，在做这些事情的时候，都不能将"合格"这个目标丢到潜意识的彼端。如此一来，令人逐渐远离合格这个目标的电视和游戏，都会渐渐变得无趣。不过家长也不需要硬逼孩子戒掉这些东西，因为我们的心就像不听话的青蛙，硬是禁止反而会更想去做，刻意遮住双眼，反而会更容易被迷惑。

　　重复目标、让孩子将目标铭记在心有很多种方法。例如，每天早上做想象训练，或是将目标设定成智能手机的待机画面，等等。再不然也可以像朝鲜时代的学者曹南冥在腰间挂上铃铛，让走路时铃铛的声响时时提醒自己一样，在孩子的手腕上戴个手环，让他看到这样东西就能想起自己的目标。

设定目标对独自学习者来说尤为重要的原因

　　独自学习时是否设定明确的目标，经常左右了学习的成败。因为若目标不够明确，干脆地放弃学习的风险就会变高。我们先不讨论有一起学习的朋友或付钱去上补习班时的读书效率，但在这些情况下，身边确实是有能够刺激自己时常想起目标的存在的。不过独自学习者必须自己刺激自己，尤其是遇到低潮时，要激励自己并不容易，所以一旦低潮期拉长，目标就会变得模糊，更可能让人放弃学习。

　　为了防止这种事情发生，每位独自学习者都一定要做的事情，就是第二项学习原则——设定目标。设定好目标，有机会就要回想目标。**身体可以去玩，但脑袋不能忘记目标**，把目标设定得越明确，该目标就越会用力地推着我们前进。

▎看似容易的"重复"是高效学习的秘诀

前面我们看过让大脑处在最佳状态（运动），以及让心进入想学习的状态（设定目标）等方法。以上都是开始学习前的准备阶段，接下来我们终于要正式开始学习了。独自学习者该如何学习呢？该怎么做才能将书中的内容储存在脑中呢？很简单，就是"重复"。

我敢大胆地说，重复就是究极的学习方法。无论是阅读、听课，还是在其他地方接触到的许多学习方法，大多都是每个人针对"如何重复"所提出的个人要领。若将我们每个人所知的学习方法放到显微镜下观察，就能清楚地看见这些方法背后隐藏着的，其实是名叫"重复"的共通原则。唯有重复才是隐藏在所有学习法背后的唯一究极秘诀。

从生物学来看，学习的答案就是重复

为什么是重复呢？事实上，我们已经通过脑科学了解到，答案之所以是重复，源自髓磷脂的形成过程。擅长一件事情，就意味着包覆神经元的髓磷脂厚，而髓磷脂会在受到重复、精准的刺激时变厚。简言之，从生物学的角度来看，我们的大脑

必须不断重复才能够精通一件事情。无论是做四则运算、英文阅读测验，还是在压力极大的面试上回答问题，都要遵从这个原则。答案就是重复，没有第二条路。

不过我们也能在这里发现两个学习的真相，而这同时也是学习的希望：第一，无论多么擅长读书的人，只要不重复就无法将知识输入脑中；第二，对学习没有自信的人，只要重复到能理解为止，最后都能有好结果。早在130年前，就已经有人通过实验揭露这两个理所当然的原则，那个人就是研究记忆与遗忘的德国心理学家赫尔曼·艾宾浩斯（Hermann Ebbinghaus）。艾宾浩斯通过遗忘曲线与记忆曲线，宣扬了重复的力量。

先来看遗忘曲线。艾宾浩斯自己担任实验对象，用3个字母创造2000多个无意义的单词，如DAT、POC、BUK等词汇，并要求自己把这些词背下来。在他全部记下来的那一刻，他记得的内容非常完整，但随着时间流逝，他忘记的词越来越多，而要把那些忘掉的词再记起来则要花更多时间。艾宾浩斯将重新学习遗忘的单词所花费的时间制成遗忘曲线，并将曲线绘制出来。

我们必须了解遗忘曲线所代表的意义。人从刚学习完的那一刻起，就开始忘记刚才学的东西，而遗忘是一种不会有任何例外的现象。也就是说，遗忘是一种理所当然的现象，所以无论多么擅长学习，无论多么擅长记忆，人的脑海中都一定会发生遗忘这件事。只是有一部分人做出了更多的努力，重新搜集了四散在记忆当中的信息而已，那个努力就是由更多的重复构成的。

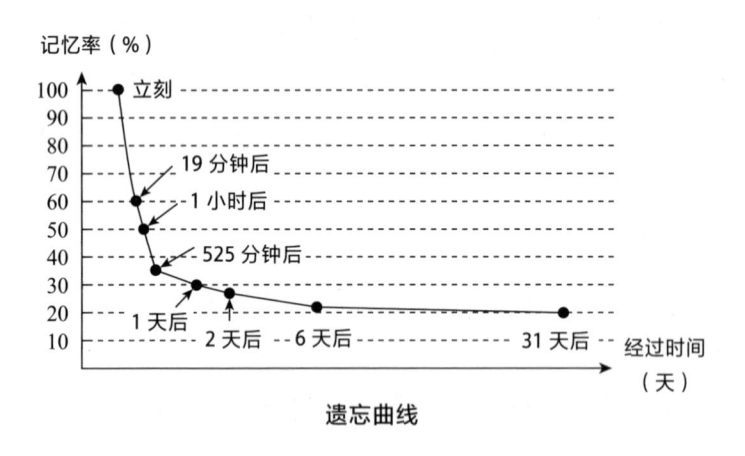

记忆率（%）

100 立刻
90
80
70 19 分钟后
60 1 小时后
50
40 525 分钟后
30
20 1 天后　2 天后　6 天后　　　31 天后　　经过时间
10 （天）

遗忘曲线

接下来看记忆曲线。艾宾浩斯测量自己重新学习遗忘的单词所花费的时间，这里的重新学习就是复习。每次复习之间的间隔拉得越长，自然就要花越多时间复习，但复习之后，发生了一件令人意外的有趣的事。越是复习，遗忘曲线的倾斜程度就会变得越来越缓，后来所画出的遗忘曲线几乎呈现平坦的直线。这代表越是复习，遗忘的程度就会越低，最后则变成几乎不会忘记的长期记忆。

记忆曲线给我们的启示很明确，那就是读一次会忘记，不过，重复读两次、读三次的话，忘记的东西就会渐渐变少，总有一天能到达记得所有内容的程度。像艾宾浩斯，他不就完全记住 DAT、POC、BUK 等毫无意义的单词了吗？如果想把什么东西记在脑中，那重复就是最佳解答。如果身边有人很擅长记事情的话，那就表示他是个经常重复的人。他在我们看不见的地方，独自重复着。

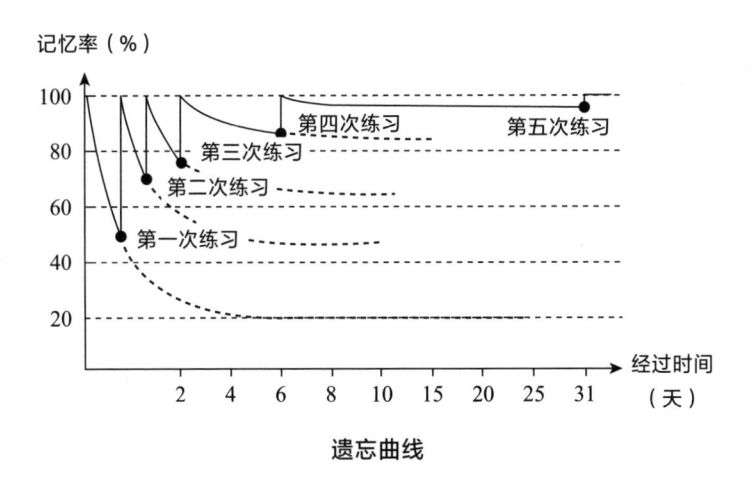

记忆率（%）

第一次练习　第二次练习　第三次练习　第四次练习　第五次练习

经过时间（天）

遗忘曲线

写十次就能彻底记住

现在，回想一下第一章一开始提到的初三男学生，他从倒数第三名考到全班第三名，当时我告诉那名学生的学习方法其实就是重复。上完课之后、一天结束的时候，还有在一星期结束的时候，总共重复三次，就能让没有任何基础的学生记住上课学习的内容，也因此使他感受到学习的乐趣。这名学生的成绩能够提升，多亏了艾宾浩斯。

重复就能记住。我也曾经深刻体会过这个简单的真理。

高中时，我们都要上汉字课。虽然我自认还算认真地准备考试，但还是无法完美记住部首或是笔画之类的东西，总是会错一两个小地方。而这种事情频繁发生，就会让人感到生气，于是我决定干脆把考试范围内的所有课文都背下来。其实就算说要把课文都背下来，分量也不算太多。五言绝句只有20个字，七言律诗则是56个字，有《论语》和《孟子》内容的课文，字数顶多也就几十个而已。

当时，我在烦恼究竟该怎么背，后来我决定在正式开始背之前，先把这些内容都抄写下来。我想："抄个十遍左右应该会比较熟悉，到时候再正式开始背。"于是我便打开课本跟练习本，开始一个字一个字照抄。不，与其说是照抄，不如说是"照描"比较贴切。后来有趣的事发生了。在我照描到第二遍的时候还没有发生什么事，但到了第四遍、第五遍时，我竟然能够"大致看着"课本上的字"写"下来；到了第七遍、第八遍时，则"不用看课文"也能"流畅地"写出来。当我依照一开始的目标写满十遍时，我已经把课文都背下来了，连我自己都觉得很神奇。

一开始并不是为了背下来而抄写十遍，只是为了熟悉内容而已，没想到在重复十遍的过程中，我已经把所有课文都完全记下来了。后面的每篇课文都一样，抄写不超过十遍就能完全记在脑海中。把所有课文背下来之后，就完全不需要再去学新的汉字或句子的解释了，之后我在汉字考试中，也几乎没有再写错。如果你很疑惑这究竟是不是真的，那就当作实验尝试一次看看。挑一首唐诗或《论语》的一句话写十遍，当然，一开始你要有"照描"的觉悟。不过，重复越多遍，你就越能发现自己可以"不看内容就写出来"，而这正是我们大脑早已具备的能力。

给独自学习者的重复指南

　　由上述内容可见，只要有不断重复的觉悟，就能够精通世界上的所有事情。韩国养生家兼小说《丹》的实际主角权泰勋老师，就强调"去去去中知，行行行里觉"，意思是"不断向前走便能碰触到真理，不断地实践就能获得领悟"；这整句话便浓缩了"重复到最后，自然能做出好成果"的意思。就像那个一开始是倒数第三名，后来变成第三名的学生一样，我们每个人都可以成为奇迹的主角。

　　以下，是我给独自学习者的重复原则。

- 重复确认自己究竟知不知道。
- 除了已知的部分之外，将还不懂的部分挑出来重复。
- 重复到了解为止。

接着，让我们看看具体做法为何。实践时，请不要严肃地思考"哪种方法最有效"，因为这就像"世界上所有的武术当中，哪一种武术最优秀"一样，是个没有答案的问题。没有更强的武术，只有更强的人。重复的方法也一样，不是使用更好的方法就更能把书读好，而是重复越多次的人越能有好表现。只要从以下的方法中选出自己可以实践的方法，并且尽量重复就可以了。

重复阅读

规定阅读次数并不断重复阅读，是最基本的学习方法。以前几乎每个准备司法考试的考生，都会以"考试之前要读几遍书"为目标。比如说，补习班里的考生会依照"预备循环班、第一循环班、第二循环班、模拟考班"等课程，逐渐增加自己的阅读次数，独自学习的考生则会以"三个月内读完一次、两个月内读完两次"等目标建立读书计划。所有考试，包括公务员考试或招聘面试等在内，考生都使用差不多的方法。其实从古至今，就一直存在这种重复阅读的学习方式。看看边摇头晃脑边读四书五经的祖先们，以及阅读塔木德的犹太拉比，就略知一二。朝鲜时代把这种行为称作书算，甚至还有帮助记录读书次数的工具。

此外，在这里我想特别强调两点：

第一，重复的次数必须定多一点。即使重复到懂了为止，仍然没有成功经验，其实都是因为给重复设定的目标次数太少。这些人大多认为重复个两三次就可以记下来，所以重复到完成他们自己定的目标，却仍然不记得大多数的内容时，他们就会慌张且失望。看看司法考试的应试生，补习班通常会给他们定下一年要读完七次的目标。而会挑战司法考试的人，大多是对学习有一定自信的人，这样的人的目标竟高达七次，这还不是保障合格的最低标准，只是可以提高合格可能性的标准值而已。擅长学习的人绝对不会期待只读两三次，就能把内容都记下来。不过即使读了六七次，仍然有无法记住的东西时，他们也不会太过惊慌，因为透过过去的学习经验，他们清楚地知道再多重复读几次就能够记下来了。如果对读书没有自信，那首先就应该把重复阅读的次数定得多一点，就像我高中准备汉字考试时，一开始便下定决心要重复写十次一样。

第二，不要呆呆地像机器一样重复，而是要积极确认自己懂不懂，将不懂的部分挑出来重复。如果你以为《7次阅读学习法：东京大学高材生的制胜法宝》的作者山口真由所主张的，是把书本内容当成背景音乐一样，茫然地不断重复，书本内容就会自动进入脑海的话，那可是严重的错觉。她其实是这样说的：

"七次阅读是重复直接说明内容的句子，并仔细确认内容后，再用脑袋理解的方法。这是一种眼睛追着书上所写的文字，并且将文字完整复制下来的过程，所以一开始只会停留在'跟着念'的阶段。不过随着逐渐进入理解的阶段，就会脱离'跟着念'的阶段，逐渐熟悉用自己的方法重新建构知识。"

从这段话中我们可以发现，她用两个关键词告诉了我们大脑中所发生的事，分别是**"确认"**与**"重新建构"**，也就是意识到"这段内容与那段内容相互联结"之后，再"重新建构"的意思。如果没有注意到这一点，只是呆呆地重复，那即使完成自己规定的读完次数，仍然是"目不识丁"。

重复书写

日本早稻田补习班教学生使用"蓝笔学习法"，要学生在把内容记下来之前，随意用蓝笔写下课文内容。这不需要多做说明，就是用手写直到把内容记下来为止的学习方法。

我在学生时期也有抄写的学习经验。我会刻意抄写课本上面的内容，甚至有几位老师还会布置"抄写几遍"的作业。初中时我会收集抄写用的练习本，或是记录自己几天内把一支圆珠笔写到没水等，这些成果也会让我感到心满意足。其实这样边写边记，的确更容易让内容进到脑中，尤其英文单词或历史年代表等单纯需要背下来的内容，更是效果显著。

为什么边写边读效果比较好呢？因为阅读与书写之间，有着根本性的差异。阅读是被动的行为，无论是"解释"还是"重新建构"，如果不刻意思考，都可以在精神涣散的情况下完成，但书写就不一样了。要在白纸上写东西，就必须每时每刻都从脑袋里抓一点什么出来。我们不可能不思考就写出历史年代表，所以跟阅读相比，书写是一种较为主动的行为。这也是为什么我在准备汉字考试时，可以在写完十次后就把每个字都记下来。每写一笔一画，都会确认自己究竟懂不懂，对于不懂的部分就会积极重复。如果你有很想背下来的东西，那就拿笔记本来重复书写吧。就像回到初中时期抄写一样，只要重复书写就一定能记住。

反复合上书，回想内容

反复阅读的方法需要花费的时间不多，却较为被动；而反复书写的效果虽好，却要花较多时间。能兼顾两者优点并克服缺点的方法，就是反复合上书回想内容。读完一章之后就把书合上，或把书的内容遮住，只看标题或题目，接着试着回想内容写了什么。重复并不一定只是物理的次数，阅读内容算一次、合上书回想内容也算一次，而且这种回想的行为比书写更为主动，所以效果非常好。如果读完每一章之后都把书合上，回想一遍所有内容的话，我敢保证你一定能精通每一件事。

　　我之所以能信誓旦旦地说出这种话，是因为这其实是个很痛苦的方法，也就是说实际上能坚持执行的人并不多。如果你不认同，只要立刻开始尝试就知道了。"像平常一样"把一章读完，然后把书合上回想刚刚到底读了什么。这比想象中还痛苦，因为实在想不起来，而这也证明了平时的学习有多么不踏实。不过不需要有太多挫败感，只要下次好好学习，让自己在合上书回想时能够想起书中的内容就好。如果我们能做到合上书时想起书上的内容，并能逐渐推进学习进度的话，那只要熟悉了这种学习方式，我们就成为不需要再尝试其他学习法的人了，因为我们已经拥有了"做得到"的自信。

重复对独自学习者来说尤为重要的原因

　　学习必须独自进行的原因，以及独自学习最大的优点就是重复。从生物学的角度来看，重复就是学习的最佳解答。你可以想想看，在几个重复的方法中，有哪一个是能让很多人一起做的吗？这也是为什么人们会说学习是与时间的赛跑，原因就在于重复是一场与时间的对抗。在相同的时间内可以重复多少次，决定了髓磷脂的厚度，髓磷脂的厚度则决定了上榜或是落榜。有意识地阅读、拼命地抄写、合上书回想内容等最基本的重复要领，都是需要独自进行的事，所以独自学习的时间当然要多，这样才能把书读好。

现在可以在脑海中回想一下那些很会读书的人的样子，想象那个人拼命读书的模样，都想好了吗？现在那个人是以怎样的姿态在学习呢？是不是目光如炬地独自捧着书呢？没错，这就是我们该做的事。

进入心流状态，深度专注的方法

所谓的专注，必须用处在最佳状态的大脑（运动），进入充满学习动力的状态（目标），重复到理解为止（重复），然后专注于学习的每一个瞬间，如此，才是真正的专注。为此，我们先要了解什么是专注，以及为什么要专注，接着看看专注时大脑中会发生什么事，再谈论如何提高专注度。

学习量＝学习时间×专注度

　　首次透过科学定义专注的人，是国际知名心理学家米哈里·契克森米哈赖（Mihaly Csikszentmihalyi）。当时的他在思考如何让普通人过上更好的人生，同时他也注意到运动选手与外科医师经常经历的"专注于某件事情，完全没注意到时间流逝的状态"。在这样的状态下，意识的次元变得极高，每件事做起来都如行云流水般顺畅，是一种甚至让人遗忘自我的特殊经历。契克森为这种忘我的境界取名"Flow"，意为"心流"，也就是达到一种深度的专注。

　　虽然心流看起来是一种很特殊的经验，但其实人人多多少少都曾有过心流时刻。

　　我曾经在参加剑道比赛时，发现对手身上属于得分部位的手腕，有如静止在空中一般清晰可见。我想从事运动的每一个人，应该都听过类似的经验之谈，或是曾亲身体验过这种事，如打棒球时球看起来像西瓜一样大、游泳时感觉手能够抓到水等。很多人认为这是自己当天状况超好所致，其实那正是心流的经验。此外，在日常生活中我们也会经历短暂的心流。例如，在公交或地铁上专注于玩手游，错过下车的时间，或是在军队中进行实弹射击，目标物与瞄准线吻合时，会瞬间专注到忘了手肘的疼痛。

若要了解何谓深度专注的状态，我们就要来听听引导巨大船舶靠港的领航员的故事。想要让巨大的船只在汹涌的波涛中安然航行，就必须每一瞬间都绷紧神经。一天，这位领航员看着自己的前辈正在指挥船只，当时前辈手里夹着香烟，但不知道有多专注，完全没注意到香烟整根烧起来，火星甚至掉到他的手指上。

为什么学习时要刻意让自己进入心流状态呢？**因为深度专注时的学习量，与一般状态的学习量截然不同。**人们经常认为花费同样的时间坐在书桌前，学习的分量应该会差不多，但其实并非如此。同样每天在读书室里待 10 个小时，同样每周在公司工作 40 个小时，每个人的产量仍有天差地别。为什么会这样？因为学习量是时间和专注度的乘积。用简单的公式列出来，就会像下面这样："学习量 = 学习时间 × 专注度"。

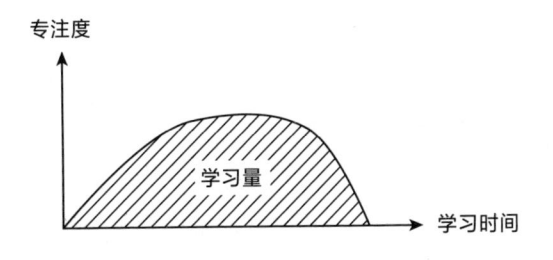

人的学习时间都有极限，而且无论多么认真学习，一天顶多只有 24 个小时。不过专注度并没有极限。想象一下在下

围棋的过程中能够预测未来好几十手棋路的李世石九段,以及全身瘫痪却能靠心算解开天文物理学难题的霍金(Stephen Hawking)。他们跟我们同样是人,却能通过训练将专注的水平提升到极致。代入前面所提到的公式,你就会发现,专注度没有极限就表示学习量没有极限,而学习量没有极限则意味着任何目标都能达成。因此,一直使用相同方式学习的人,跟每一次都刻意提高专注度的人之间,就会产生合格或落榜、成功或失败的差异。

既然下定决心要好好学习,那就一定要做到最好,对吧?同样花时间坐在书桌前,那实现目标才是最好的结果,不是吗?反正都决定要努力了,就应该要确认一下我们所拥有的潜力,对吧?我们不能只是死读书,必须专注才行。最幸运的是,就像其他的学习原则一样,只要能够了解专注的原理,并且依照该原理去做,那么人人都能够体验到何谓专注。

深度专注时脑中发生的事

首先,让我们来看看深度专注时脑中会发生什么事。这里同样会利用脑科学进行解释,但只要大概了解提升专注度究竟代表什么意思就可以了。

假设你在凌晨时分,为了看在地球另一端进行的足球比赛而起床打开电视,当你大脑的专注度提升时,会发生的事情如下:稍早前我们还在睡觉,虽然大脑在睡眠时会活动,但与足球有关的领域一点也不活跃,也就是并没有信号经过相关的神经元与髓磷脂。而调好的闹钟响了之后,你起床去开电视,那一瞬间你通过视觉与听觉等感官,接受大量与足球相关的刺激。现在你开始唤醒足球规则、足球选手、对手的战绩、要进入决赛必须踢到第几名等,脑中众多与足球有关的记忆。电子信号一一流过神经元,髓磷脂也跟着活跃起来。如果用核磁共振(MRI)去照这时的大脑,可以看见许多区块呈现缤纷的颜色,那些是与收看足球比赛有关的大脑区块,也就是相关的神经元与突触活跃起来的区块。我们彻底从睡梦中清醒,渐渐专注在足球比赛上,而活跃的区块也越来越大。专注度提升就是像这样,让相关的神经元与突触渐渐活跃起来的意思。当大量的神经元与突触活跃起来,我们就能进入更专注的境界。

有趣的是,只要专注度提高,快感便会随之而来。突触的联结部位会产生神经传导物质多巴胺,这会带给我们快乐的感觉,这也是为什么无论学习、聊天、玩游戏,只要在任何一件事上投入就会让人感到快乐。相反,如果专注度较低,就完全不会感觉到乐趣。例如,一个对棒球一窍不通的人,即便坐在全国系列总冠军战会场的 VIP 座位上,那个人也肯定会感到无聊透顶,因为他脑袋里没有什么与棒球有关的神经元与突触,所以即使看比赛也无法提升专注度。

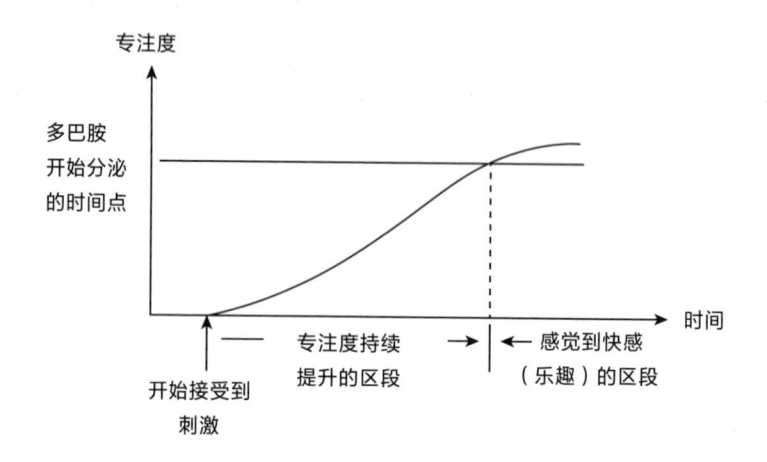

```
专注度
 ↑
 │         ┌──────────────
多巴胺    │       ╱
开始分泌 ─┼──────╱─────────
的时间点  │    ╱  │
         │  ╱    │
         │╱      │
         └───────┴─────→ 时间
         ↑   ← 专注度持续 →  ← 感觉到快感
       开始接受到    提升的区段      （乐趣）的区段
         刺激
```

现在我们可以理解，为何深度专注是重要的学习原则了。**学习并非原本就很无趣，而是因为不专注于学习所以才感到无趣**。很多初高中生认为数学是自己的敌人，不过没有住家、职业，也没有家人的匈牙利数学家艾狄胥（Erdős Pál），却一辈子欣喜地沉浸在数学的世界里。基于同样的原因，我可以再保证一件事——我的经验告诉我同样的事，身边的朋友也赞同这个结论——其实擅长读书的人并不喜欢学习，但至少他们不会觉得学习是件痛苦的事，不是因为他们学的时间比较短所以才这样，即便是认真、大量学习的人也同样不认为学习很痛苦；反而是没有自信、随便虚应故事的人，才容易觉得学习很痛苦。回想一下前面所说的专注原理，就会知道这是理所当然的事。要认真才能提升专注度，专注才能感觉到快乐，所以专注的人自然能把书读好。有些人因为讨厌打扫而不断拖延，但在某一瞬间终于妥协，想着"不行了，既然要做就应该尽快做完"，然后开始积极打扫的话，痛苦的心情便会瞬间消失，他们反而能从打扫中感到乐趣。

如果想把该学的东西学好，而且也希望能快乐学习，那就不要逃避学习，与它正面对决吧！三浦建太郎在全球累积销售4000万册的《剑风传奇》当中，写了这样一句台词："逃跑后抵达的终点不会是乐园。"既然都是要学习，那不如全神贯注地投入其中。做好觉悟，现在立刻让自己的脑中装满与学习有关的事，这就是把书读好的途径，也是能让你感到愉快的途径，从结果来看或许也是最快完成学习的途径。

给独自学习者的深度专注指南

能刻意让自己保持专注，是一件很了不起的事。牛顿（Isaac Newton）经常为了研究废寝忘食，每一餐都让他的欧姆蛋放到凉掉。人们听说这件事之后，通常会觉得"天才果然就是不一样"，但那些玩手游玩到坐过站的人，其实也拥有跟牛顿一样的大脑结构。只要通过简单的练习，学会让自己刻意保持专注的方法,那么大家都能像专注于玩游戏那样专注于学习。现在试想,如果你能轻松学会无论谁叫你都听不见,专心到连坐过站都浑然不觉的专注方法,那还有什么学不会的吗?还会需要害怕成绩不好、害怕考不上吗?这就是为什么"专注"是给独自学习者的第四个学习原则。

独自学习者能通过哪些具体作为,来提升自己的专注度呢?我们可以从米哈里·契克森米哈赖所归纳的专注的条件当中找到一些线索。了解专注的条件,并将这些条件运用于学习,就能够刻意提高自己的专注度。以下是有效的深度专注的原则:

- 刻意提高专注度。
- 不想读书的时候,就要意识到是专注度下降了。
- 记住,只有尽可能地专注,才能有好的表现,才能够愉快、迅速地完成学习。

我们已经透过专注的条件,了解了提升专注度的方法,接下来只要具备这些条件,我们就能进入深度专注。以下是进入深度专注的三大条件:

一、明确的目标:从事有明确目标的活动就会使人专注。运动、玩手机游戏、玩卡牌游戏等,都是容易专注的经典例子。目标与规则越明确，就越不需要烦恼必须做什么，可以专注在自己的每一个行为上。

二、快速的反馈：能越快获得自己表现是否良好的反馈，就越容易进入专注的状态。玩游戏时，我们可以知道自己每一个瞬间的动作是否成功。是否抵御敌人的攻击，是否获得额外的分数，炸弹是否落在对的地方，等等，不到一秒钟就能得到反馈。反馈来得越快速，我们就越无法短暂地将视线移开。

三、课题的难易度与实力的平衡：当我们获得不会太简单，但也不会太困难的课题，并且为了该课题倾注全力时，就会产生专注的现象。试着想象一下篮球比赛，如果是大人跟小学生比，那肯定很平淡、很无趣；而如果是和一级运动员比赛，则会因为不是对方的对手而觉得比赛非常无聊。要与旗鼓相当的对手展开拉锯战，这样我们才会紧张地捏把冷汗。

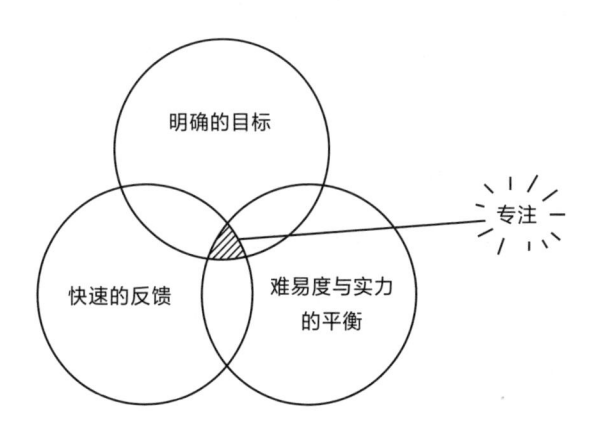

上述三点就是专注的条件，而专注学习就是在具备这三大条件的情况下学习的意思，反过来说，随意学习则是不在乎自己是否符合这些条件的意思。就是这么简单的差异造就了学习量的差异，也造就了成绩高低与是否合格的差异。幸好具备这三个条件的要领，只是一点点的练习而已。以下将介绍独自学习时运用这三个专注条件的方法。

如何建立明确的目标？

开始学习之前，必须建立明确的目标。这里的目标不是长期目标（例如"自我实现"）或短期目标（例如"考试合格"），而是"在这段时间里要做什么"的超短期目标。目标必须明确到有如针的尖端一样锐利，才可以被称作符合专注条件的明确目标。使目标明确的方法如下：

- **从长期目标出发，反过来建立短期目标的方法：**
  在纸上写下自己要在十年内实现的远大目标。
  写下若要达成该目标，一年后自己必须实现什么。
  写下若要达成一年后的目标，一个月后自己必须实现什么。
  写下若要达成一个月后的目标，一周后自己必须实现什么。
  写下若要达成一周后的目标，今天自己必须实现什么。

写下若要达成今天的目标，自己必须在一小时内实现什么。这样就结束了，一小时内必须达成的，就是超短期目标。

- **用 SMART 目标设定法建立超短期目标的方法**：接着是运用 SMART 目标设定法，建立我们当下必须立刻完成的超小目标。例如，看着用手册做成的单字本（现实的），在地铁从新林站移动到江南站的时候（达成时间），背下（可达成的）15 个（可测量的）单词（具体的）。
- **配合学习目标建立超短期目标的方法**：前面两个方法都把重点放在时间限制上，而这一个方法则着重在学习内容上。在阅读教科书的每一章之前，都要先问问自己"在这章当中我必须了解什么"，然后再开始阅读学习。其实，学习时，很多人都会不看章节标题就直接开始读正文，这就有如放着渔网不用、打算徒手抓鱼一样。先看标题，让自己意识到问题之后，再进入正文才对。所谓的意识到问题，指的是了解本章在说些什么、必须找些什么、会有哪些内容登场等。这样一来，就能够透过每个章节的标题建立学习目标，而那也就是超短期目标。

快速获得反馈的方法

在学习过程中，我们必须快速获得反馈。运动选手可以实时获得教练的反馈,但学习时却不太可能做到这一点。老师的称赞或考试成绩单等或许能带来较高强度的反馈,但与"快速"相距甚远。独自学习时该怎么做才能尽快获得反馈呢?有两个方法:

- **写习作**:习作是非常好的反馈工具。读完一章之后立即拿出习作来,练习与该章相关的问题。这时比起复杂的应用问题,"数学公式"这一类习作中出现的范例题或是类似题型等简单的问题会更合适。挑选以确认内容为重点且能平均复习到所有内容的习作。我在读背的时候,就会以读完课本的一章后,立刻去写习题等与该章节有关的内容为原则进行学习安排。
- **合上书确认的方法**:学完一章之后把书合上,或用手遮住课文的内容,确认刚才学的内容是否完全进入脑海中。可以试着把内容写在纸上,也可以在脑中回想,或是假装在对别人解释一样用嘴巴说出来。如果成功了,那就表示你做得很好;如果失败了,那就表示还有待加强。

让课题的难易度与实力达到平衡的方法

若学习内容的难易度无法与实力平衡,你就可能会因为太简单而感到无聊，或因为太难而失去动力。当你读书读到觉得专注力下降时，就应该暂停一下，重新找回平衡感。就像行进中的汽车出现任何异常，会停在路边做检查一样。因为实力不会轻易改变，所以解决方法只有两个：降低或提高难度。

- **降低课题难度的方法**：只要向下调整目标，或是将课题拆解开来就好。首先，向下调整目标的例子如下：降低英语会话班的等级，或是减少一个小时内必须读完的页数。拆解课题的范例如下：我大学时曾经参加研究国际法的聚会入会考，考试题目是必须阅读提到国家间纷争实例的英文原文书，并且提出相关的解决之道，考试时间是一整天。这个难度超出我的预期，当时我实在手足无措，有好一段时间什么都不能做，只能在原地狂冒冷汗。那时我不管怎么读，都无法理解书上究竟在说什么内容。接着我突然想，就从我可以做到的事情开始好了。于是我先不去管法理上的探讨与导出解决方案，决定开始一行一行翻译英文内容，这样要做的事情才会变少，而那一瞬间我也会突然感觉到乐趣，这就是我的亲身经验。
- **调高课题难度的方法**：有一个能套用在任何课题上的万能方法，那就是施加时间限制。即便是个位数加法这种超简单的问题，只要加上时间限制就会变得非常困难。我在入伍后待在论山训练所的那段时间，便亲身体会到整理内衣跟袜子这件事也可以变得非常困难。在某天晚上的点名时间，一位非常严格的助教要生活馆内的所有人把自己置物柜抽屉里的东西全部倒出来，并要求大家在 1 分钟内整理好内衣跟袜子。如果 1 分钟内做不完，就得再次把抽屉里的东西倒出来重新整理，直到能在 1 分钟内完成为止。那时光是整理内衣跟袜子，就让大家汗如雨下。

专注对独自学习者尤为重要的原因

　　就像前面我们提到的重复一样，专注也是对独自学习者非常有利的学习原则。独自学习更容易专注，也更容易针对学习方法进行细微的调整。把目标整理得更加明确、合上书确认自己是否已经理解内容、配合自己的程度调整难易度等，都是独自完成的工作。而且和其他人在一起的话便会在意对方，变得很难全心专注在学习上。学习不能虚应故事，应该刻意让自己提高专注度，那才是把书读好的途径，是让学习更愉快的途径，同时也是最快的捷径。

善用零碎时间，兼顾玩乐、睡眠和学习

虽然一天只有 24 个小时，但我们能提高 24 个小时内的时间密度，而这正是给独自学习者的第五个学习原则——"零碎时间"。利用零碎时间学习，其实是一种想法的转变。学习不是非得在教室或读书室这种适当的环境中进行的，而是随时随地都能做的一件事。

试着回想一下，小学时我们曾经把一天的生活作息计划分配在一个圆里。先决定好吃饭时间、洗澡时间、上下学时间等行程，剩下的部分则填上"学习时间"，当时我们认为这是最好的时间规划表。不过更好的方法，其实并不是将除去这些事情以外的时间拿来学习，而是把那些时间也用来学习。试着这样改变想法，就会想到更有创意的方法，让自己能随时随地学习。而实践这些方法，就是利用零碎时间学习。

随时随地都能做的学习

高一时我曾经读过一本书，书中收集了考进知名大学的人的录取心得，我记得书中每个人的合格秘诀都有"利用零碎时间"这一项，这让我感到很惊奇。没多久后我正式开始准备考

试，便能够理解为何大家都会在录取心得里提到这一点了。利用零碎时间学习不是"最好可以做到"的事，而是"不能不做"的事。高中时，利用零碎时间学习在两个层面带给我很大的帮助。

第一，让我能够有充足的睡眠。我其实很爱睡觉，只睡三四个小时那种超短睡眠时间对我来说简直是天方夜谭，而尝试当个"晨型人"、清晨起来读书的方法，也从来没有成功过，就连高三时也是一样。我每天都一定要睡满8小时，如果睡眠不足，隔天就一定会打瞌睡。这么需要睡眠的我，之所以成绩还能够维持得不错，就是因为掌握了利用零碎时间学习的要领。第二，上学时间虽长，但没有对学习造成影响。我家离学校很远，小学四年级到高中毕业之前，每天都必须花两小时上学，不仅要走很多路，还要转乘公交两次。不过我都会利用这些时间读书，或是看一下自己的错题本。多亏了上学时间很长这点，我几乎不曾因为觉得自己学习进度差人一截，或是觉得上学太浪费时间而产生压力。

爱因斯坦（Albert Einstein）的一个小趣事，可以说是利用零碎时间学习的经典范例。有一次，一位记者跟爱因斯坦相约见面却迟到了，让这位国际知名科学家等自己这件事令记者惊慌失措，没想到爱因斯坦却若无其事地对连连道歉的记者说："真的没关系，我身上随时都有可以拿出来思考的问题。"

创造差异、维持专注的秘诀

为什么要利用零碎时间学习？不，不利用零碎时间学习就无法成功的原因是什么？每个独自学习的人，都一定要利用零碎时间学习的原因有两点：

第一，为了创造差异。在电影《爱丽丝梦游仙境》的续集《爱丽丝梦游仙境：镜中奇遇记》当中，有一场爱丽丝与红心皇后聊天的戏。爱丽丝认为无论怎么跑都停留在原地的情况非常奇怪，而红心皇后如此回答："就算费尽所有的力气奔跑，仍然会停留在原地。如果真的想去某个地方，那就应该跑得比现在快一倍才对。"

我们的社会充斥着竞争，考试、入学、就业、升迁都是竞争。人们喜欢的选择有限，若想挤进那道窄门的人太多，竞争只是必然的结果。当然，有些领域比较重视其他的部分而非竞争，也有些人刻意选择竞争不激烈的领域，不过如果你现在想挤进那道门，恰恰属于僧多粥少的情况，那你就必须接受竞争的现实。

电影演员丹泽尔·华盛顿（Denzel Washington）曾在一所大学的毕业典礼上发表演讲时强调："怀抱创造差异的热情（Aspire to make a difference）。"如果我们正奔跑在竞争激烈的赛道上，且希望获得理想的结果，那就必须创造差异，必须在自己和一起竞争的人之间创造出差异。但该如何创造差异呢？每个人一天能够用于学习的固定时间都差不多，光是在那段时间内认真学习，并不容易创造差异。如果没有拼尽全力的认真，就只会落后于他人。若想创造差异，就要利用别人不认为是"学习时间"的时间、被多数人理所当然"舍弃"的时间来学习。这也是为什么利用零碎时间学习不是选项，而是必要的做法。

第二，为了维持专注度。也就是要让与提高专注度有关的神经元与突触保持活络。如果你的注意力被现在所专注的东西以外的事物吸引，专注度便会瞬间下降。就像一边看电视上悲情的连续剧一边哭，却不小心按到遥控器转到电视购物频道，情绪一下子都跑掉一样。同样，当你专注于写作或是解数学题时，突然接到朋友的联络，专注度肯定会降低。而重新坐到书桌前想恢复跟刚才一样的专注状态，不仅需要花费时间，还会十分费力。专注度这样反复升降会让学习非常没有效率，就像在接力比赛中，每一次要交棒时都必须停下来站好，交好棒之后再重新起跑一样。

其实，要一整天都维持极高的专注度且不中断，并不是一件容易的事。吃饭、打扫、被别人呼唤，我们的生活中充斥着会降低专注度的障碍，但也不能像朝鲜时代为了读四书五经，特地躲到山里去与外界断绝联系。而这个问题的解决方案，就是利用零碎时间学习。当我们利用零碎时间学习，即使中途跑去做其他事，专注度也不会完全降到零。这就像是在高速公路堵车时以极为缓慢的速度慢慢前进一样，总好过完全把车停下来。如果你听到必须利用零碎时间学习的建议，却不满地想："非得做到这个地步吗？"那你不如想想看堵车的高速公路上停满了熄火的车子是什么情景。

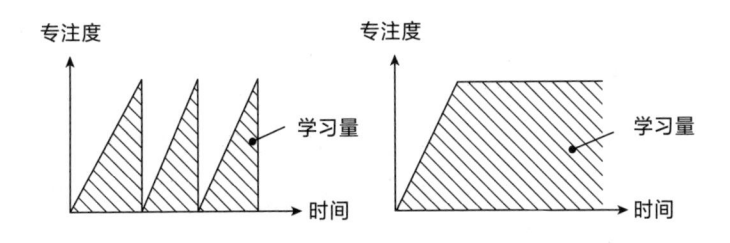

专注度起伏不定，会使得学习缺乏效率

给独自学习者的零碎时间学习指南

希望大家别把这里的"零碎时间"，误会成是要断绝所有人际关系、不吃也不梳洗，以不人道的方式学习的意思。仔细想想，"利用零碎时间学习"这个给独自学习者的第五项原则，其实是非常棒的秘诀，因为这是能够睡饱、玩得尽兴，同时也能把书读好的秘诀。具体来说，独自学习者该如何利用零碎时间学习呢？以下善用零碎时间的原则：

- 思考该如何随时随地学习。
- 即使只有 1 分钟也要学习。
- 记住，差异就来自利用零碎时间所做的学习。

其实所谓的利用零碎时间学习，是指"在学习条件不充足时"所做的学习。因此，如果这时使用的方法，跟可以坐在书桌前或时间非常充裕的"学习条件充足时"的一样，那就会令学习变得很没有效率。例如，搭乘地铁的时候，当然可以拿出厚厚的课本来读，但一定也有比这更好的方法。利用零碎时间学习的长处，不在于"方便阅读、有系统地学习"，而是"学习环境不佳，但仍不要有空当"。以下是独自学习者该如何利用零碎时间学习的具体做法。

活用手册

我高中时也经常使用手册。使用方法如下：无论是英文单词、历史年代表还是物理公式，将所有不太容易背下来的东西全部写在手册上，并随时把手册带在身上一看再看，去厕所时、站着等公交时都不例外。不需要费尽心思把字写得很漂亮，当你觉得内容都已经背下来了，就可以毫不犹豫地把手册丢掉。要再一次提醒大家的是，利用零碎时间学习的核心，不在于"方便阅读、有系统地学习"，而是"学习环境不佳，但仍不要有空当"，尤其是搭乘地铁或公交时，比起拿出厚重的书本来读，看手册会更有效率。

活用背诵卡

比手册更进一步的工具就是背诵卡。将 A4 纸切成十六等份，纸就会变成名片般大小，而这就能制作成非常棒的背诵卡。如果觉得一张一张裁切很麻烦，那我推荐尺寸比较小的用圆环装订的卡册。背诵卡的使用方法很简单，就是将学习时记不太起来的所有内容写在背诵卡上。不过有一点需要特别注意，那就是一张卡上最好只写一种信息，英文单词、化学公式这样简短的信息就好。例如，卡片的正面写"aspire"，背面则写"渴望"，这样一张卡就可以当成一个题目。我们可以随时制作这些背诵卡，有时间就拿几张出来放进口袋，等你觉得卡上的内容都记住了，就直接把卡片丢掉。

活用智能手机

近来虽然人手一部智能手机，不过几乎没有人将智能手机好好用于学习。我妹妹读研究生时幸运地获得去欧洲交换的机会，但她的英文能力却有很大的问题。当时她已经快要出发去当交换学生了，但英文能力仍然不够好，差一点连课都不能上了。于是我妹妹开始利用零碎时间，拿智能手机里的单词应用程序来学英文。因为坐在书桌前的时间都要读主修科目，实在没有多余的时间可以拿来背单字。我们其实可以将智能手机运用在学习上，这没有不可能。可以用智能手机随时看新闻、随时玩游戏、随时上社交平台不是吗？最后我妹妹也靠着用智能手机学英文，顺利地完成了到国外交换的学期。

多用脑

有时候无法看背诵卡，也无法用智能手机，例如洗澡的时候，或是地铁车厢里挤满人的时候。一个人认真学习时，会变得非常在意这些时间，会变成一个目标非常清晰，觉得连这些时间都必须拿来使用的人。在这种什么都不能看的零碎时间里，最后的手段就是运用自己的脑袋。

- **反刍学习**：牛有把吃下去的草吐出来继续咀嚼的反刍行为，学习也可以这么做。把已经放入脑海中的东西拿出来回想，它们就更能留下深刻的印象。比起单方面输入脑中（Input），拿出来练习（Output）的学习效果反而会更大。在什么都不能做的时候，就试着回想一下自己已经知道的知识吧，可以回想最近背下来的英文单词等。如果养成自问"我今天学了些什么"的习惯，那就表示你真的非常了不起。

- **在脑中解题**：这是模仿爱因斯坦的方法。虽然这个方法不适合解方程式等代数问题，或必须画线的几何问题，不过要把包括概率问题在内的许多题目记在脑中，其实并不困难。我以前会把不知道该怎么解、完全摸不清方向的问题背下来，利用搭乘公交的时间在脑中做各种猜想。这样没有非解开不可的压力，甚至有一种在脑中玩游戏的感觉。

- **构思创意**：我们也可以利用零碎时间做企划案、构思课题的主轴等，毕竟坐在书桌前面，我们反而不容易想到新颖的点子。我在我的第一本书里就是这样写的。书里要收录 365 个小故事，我必须想出更多的创意才行，所以无论走路、吃饭、喝水，只要有机会我就会构思创意，然后把想到的创意记下来，之后再坐下来整理成完整的文字。

以上是独自学习者利用零碎时间学习的方法。透过各种范例，说明利用零碎时间学习的方法之后，我归纳的结论如下："学习是能随时随地进行的一件事。因此，在每一个清醒的时刻，我们都能够学习。"人生是由时间组成的。实践"利用零碎时间"这一点，就代表我们能最大限度地利用所拥有的时间，而这也就表示我们在尽力地度过我们所拥有的人生。

本章重点

学习始于"运动"

- 我敢断言,学习始于运动,想把书读好的人必须先从运动开始。擅长学习的人都认为运动很重要,他们不是"兼顾了运动"才成功,而是"因为运动才成功"。

- 美国内珀维尔 203 学区实施第零节体育课的计划之后,学生的成绩突然开始提升了。研究人员调查美国加州上百万名学生的资料后发现,运动能力出色的学生,成绩比运动能力不出色的学生高上一倍。

- 运动的人成绩也好的原因有三个:
  1. 运动时大脑能获得更多的氧气与养分,这使我们的大脑进入最佳状态。
  2. 运动时大脑的突触分泌的神经传导物质浓度会提高,可以更有效地传递信息。
  3. 运动时神经元会生长,储存信息的空间会变多。

  运动原则
  1. 每天运动。
  2. 先运动再学习。

3. 感觉大脑状况不好时就去运动。

运动指南

1. 只要有可以运动的地方，就要每天去。适当的运动是一种充电。
2. 没有时间的话可以短暂运动，即使只运动 10 分钟也能让大脑恢复活力。
3. 找机会每次运动 5 分钟。在工作、学习的空当运动一下。
4. 临时抱佛脚时，运动更是重点，短暂的运动能够维持专注力。

"目标明确"就能学得彻底

- 要有目标才会成功。1953 年耶鲁大学毕业生中，只有 3% 的人拥有具体目标，并把目标用文字写下来。过了 22 年之后，那 3% 的毕业生所拥有的财富，比剩余的 97% 的人加起来还多。

- 从生物学来看，我们的身体只要设定好目标，就会盲目地追随目标，这是一种目标导向机制。

- 只要目标明确，目标导向机制就会启动，离目标越近心情就会越好（正面的反馈），离目标越远心情则会越差（负面的反馈）。

目标设定原则

1. 拥有清楚的目标。
2. 反复回想目标。
3. 目标要明确,学习才会踏实。

目标设定指南

1. 重点是拥有"清晰"的目标,而不是"像样"的目标。
2. 重复回想目标,就能让目标更明确、清晰。
3. 设定目标的主要方法,有 SMART 目标设定法、BHAG 设定法、超额达成策略、改善策略等。

看似容易的"重复"是高效学习的秘诀

- 艾宾浩斯画出了遗忘曲线与记忆曲线。根据这两个理论,我们可以知道遗忘是人人都有的现象,但只要重复学习,遗忘的速度会逐渐放缓,最后学到的内容成为长期记忆,所以从生物学的角度来看,重复就是学习的解答。

重复原则

1. 重复确认自己知不知道。
2. 放下已经知道的部分,挑选不知道的部分重复学习。
3. 重复到完全了解为止。

重复指南

1. 重复阅读是最基本的方法。重复阅读时必须把重复的次数设定得多一点，积极挑出不懂的部分重复阅读。
2. 重复抄写虽然要花很多时间，但是非常有效。
3. 学习完后合上书确认自己究竟学了些什么的方法效果显著又有效率。

进入心流状态，深度专注的方法

- 学习量＝学习时间×专注度。

- 米哈里·契克森米哈赖将"感觉不到时间的流逝、埋头专注于特定事物的状态"称为"Flow"，翻译过来就是"心流"。

- 当刺激进入脑中，神经元与突触就会变得活络，专注度也会随之提升。专注度提升到一定程度以后，大脑就会分泌多巴胺让人感觉到快乐。

专注原则

1. 刻意提升专注度。
2. 若意识到不想学习，其实就是专注力下降了。

3. 记住必须尽可能地专注才能把书读好，享受并尽快结束学习的过程。

专注指南

1. 设定明确的目标。
2. 使用解题或合上书学习等能尽快获得反馈的方法。
3. 课题的难度要与能力相平衡。设定限制时间是提高课题难度的最佳方法。

善用零碎时间，兼顾玩乐、睡眠和学习

- 利用零碎时间学习，其实是源自随时随地都能学习的想法。

- 必须利用零碎学习时间的原因有两个：
  1. 必须这么做，才能和其他人做出差异。
  2. 可以尽量维持专注度，不要让专注度下降。

利用零碎时间学习的原则

1. 思考如何才能随时随地学习。
2. 即使只有 1 分钟也要学习。
3. 记得差异来自利用零碎时间所做的学习。

利用零碎时间学习的指南

1. 把记不下来的东西都写在手册上，经常阅读手册。
2. 将 A4 纸裁切成 16 等份，制作背诵卡用于学习。
3. 智能手机可以用作零碎时间学习的工具。
4. 手上无法拿任何东西的时候，可以利用回想或在脑中解题、构思创意等方式学习。

做好生活管理，是迈向成功的捷径

04

决胜学习之外的"变量",方能出类拔萃

前面我们看了许多学习的方法,接着该来了解如何管理自己的生活了。

人们都认为学习成功与否,全然取决于学习的方法;不过学习之外的"变量",对成功的影响也不亚于学习方法。何谓学习之外的变量?就是习惯、饮食、睡眠等生活层面的因素。只要没有适当的生活条件支撑学习,人就很难确保绝对的学习量,最终导致学习失败率提高。也因此,每个独自学习者都一定要建立几项原则,管理生活的各个层面。

在习惯管理中,我们会了解改掉坏习惯的方法,以及成功养成好习惯的要领;而在饮食管理中,我将说明为何饮食管理对学习的人很重要,以及饮食上需要特别注意的具体原则;接着,在睡眠管理中,我将介绍提高睡眠质量,且能调整睡觉时间的方法;在时间管理中,我将提供有效且简单的单一时间管理方法,同时也带大家掌握该如何有效地分配时间,以应付必

须同时学习的多个科目；最后，在规律管理中，我会介绍培养规律的必要性，以及让一起学习的人配合自己培养出最佳规律的方法。

　　无论在哪一个领域，实力旗鼓相当的人之间之所以能分出成败，其实都是因为生活管理的成果。无法做好自我管理的人，绝对不可能成功，独自学习也一样。而且新冠疫情暴发后，独自学习的时间变长，我相信每个有自我学习经验的人都会同意，自我管理绝对是会造成影响的变量。

依循大脑使用手册改变习惯

俄国文豪陀思妥耶夫斯基（Fyodor Dostoevsky）称习惯是"让人类能做到任何事"的优秀工具。一个好的习惯，几乎能让所有事情变得可能。养成运动的习惯，人人都能变得健康；养成读英文的习惯，人人都能熟悉英语；养成整理的习惯，人人都能住在干净整洁的房子里。

想拥有这么了不起的工具，其实不如想象中困难。例如，看到一个每天运动的人，你可能会想"我连坚持一天都有困难，那个人真的很自律"，但事实并非如此。**其实只有刚开始培养习惯的那段时间，需要特别自律。** 无论做什么，只要持续一定的时间，那件事情就会逐渐变成习惯。养成习惯之后，要坚持这件事就会容易许多。多年来一下班就会去健身房运动的我，绝对可以保证这是真的。

如果你有好几个想培养的习惯，那该怎么做才好？其实，只要一次培养一种习惯就好。我们可以把自己拥有的自律，依序分别投注在不同的目标上。就像负责转盘子的马戏团杂耍团员一样，他们会先转成功一个盘子，再依序转接下来的盘子，逐渐增加盘子的数量。因为一旦盘子成功旋转，只要时不时稍微施一点力，盘子就会继续转下去。

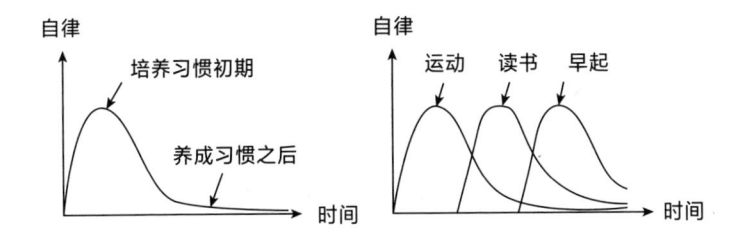

培养习惯时要求的自律程度　　**培养多个习惯时，就依序一个个来**

给独自学习者的第一个生活管理主题，就是习惯管理，因为所有的生活方式最后都归结于习惯，所以学会习惯管理就是做好生活管理的核心。这里有两点非常重要：第一是该如何选择好习惯，第二是该如何养成那项习惯。习惯优先，只要养成习惯，接下来习惯就能造就我们的生活，也就不需要担心能否达到目标了。

知道"不该做什么"比"该做什么"重要

要养成好习惯，首先必须了解如何挑选好习惯。《从优秀到卓越》一书的作者吉姆·柯林斯，在学生时期经历了这样一件事。

柯林斯在路上遇到一位教授，那位教授劈头跟他说："你看起来好像生活得很认真，但其实并不脚踏实地。"柯林斯问教授这是什么意思，教授回答："人除了决定非做不可的事情之外，决定哪些事情绝对不能做也非常重要。如果现在你继承了200万美元的遗产，却被宣告生命所剩无几，只能活10年左右，你是不是会放弃做某些事？"拥有200万美元的遗产，却只剩10年可活，在这样的情况下，你会想到自己必须立刻放弃的事情，而那大多都是些没用的事。瞬间，柯林斯意识到自己只是汲汲营营地追逐着某些东西，并没有真正脚踏实地地生活，而这个领悟也成了一个契机，促使他专注地去做真正重要的事。

吉姆·柯林斯的小故事告诉我们，一个人要怎么活这件事非常重要。我们拥有的时间有限，所以在思考"该做什么"这个问题时，应该从思考"不该做什么"开始。挑选好习惯这件事也必须从相同的观点出发。养成好习惯的第一阶段，就是戒掉坏习惯；就像如果希望水果篮里装满新鲜水果，首先必须把其中腐坏的水果挑出来一样，也就是说你必须立刻拟订一份"Not-to-do list"，这是一份与"To-do list"相反的清单。如果说类似"运动、学外语、冥想"等是"To-do list"，那么"读书时不开手机、不坐在沙发上吃零食、不在公交上玩游戏"等不能做的事，就是"No-to-do list"。独自学习者建立"No-to-do list"的三阶段如下。

具体记录一天的行程

被称为管理学之父的彼得·德鲁克（Peter Drucker）建议众多公司的执行长，要一一记录自己一天里都做了些什么。同时他也说，只要持续记录一个星期，就会有惊人的发现。因为各公司的执行长们认为的"我是这样度过我的每一天的"，与实际上使用时间的方式截然不同。独自学习者也应该听从彼得·德鲁克的建议，仔细记录自己如何度过每一天。为此，不妨参考以下的范例记录，不需要一星期，只需要一天就够了，试着记录自己的一天吧！

- 8 点 30 分　　　　移动（在公交上上网）
- 9 点 12 分　　　　抵达读书室
- 9 点 15 分　　　　开始读书
- 10 点 23 分　　　上厕所
- 10 点 40 分　　　上视频课
- 10 点 58 分　　　打电话（朋友 ××）
- 11 点 10 分　　　上视频课

观察记录，确认不必要的时间花费

实际记录之后，多数人都会大吃一惊。第一是因为学习时间并不如想象中的长，第二则是因为浪费掉的时间比想象中的还多。即便是会把"今天一整天都在读书"当口头禅挂在嘴上的人，实际上用于学习的时间也不如他所想的那么多。为此，**观察记录，筛选出用心读书的时间，那才是"真正"的学习时间**。"我认为"的学习时间和"真正"的学习时间差异越大，问题就越大。就像水管某个看不见的部分漏水一样，我们必须观察自己的记录，列出不必要的行为，统计自己不假思索浪费掉的时间有多少，思考有没有能一口气处理这些问题、提高学习效率的方法。

以"不必要的行为"为基础建立规则

确认哪些是非必要的行为，并为此建立规则，规则越具体越好，如"在公交上不上网、读书时把手机电源关掉"等，这些规则就是"Not-to-do list"。接着就看着这张"Not-to-do list"，思考自己在那些时间可以做什么事来取代不必要的事。例如"Not-to-do list"上写着"吃完晚餐后不要坐到电视前"，那就改成"吃完晚餐后在家门口散步 20 分钟"。平时想做，但因为没有时间而无法做的"To-do list",在这时候就能派上用场。将"Not-to-do list"上的行为更换成"To-do list",就是让 -1 变成 +1,反而让人更满足。

以上是建立"Not-to-do list"的三阶段。如果你觉得这样照做很麻烦,那也可以简化成以下这样:

(一)用表测量一天学习用的时间,仅确认"真正"用于学习的时间。

(二)思考是哪些不必要的行为,让"真正"的学习时间与"自己预期"的学习时间出现落差。

(三)以此为基础建立"Not-to-do list"。

重复"小小的举动"就能养成习惯

光是遵守"Not-to-do list",习惯管理就可以说是成功一半了。接着我们要进一步讨论"To-do list",也就是讨论养成好习惯的方法。只要按照大脑运作的方式进行,我们就可以成功地改变习惯。临床心理学家罗伯·茂尔(Robert Maurer)在著作《涓滴改善富创巨大成就》(*One Small Step Can Change Your Life*)当中,提到养成好习惯的要领就是"重复一些很简单的行为"。

从脑科学的角度来看,养成习惯就代表熟悉某个动作的意思，而熟悉一个动作，则表示与该动作有关的神经元被厚厚的髓磷脂包覆。因为髓磷脂会在重复准确的信号时一点一点变厚。从结论来看，有精准重复的信号流过神经元，就能养成习惯。问题是在培养新习惯的时候，与其相反的既有习惯会反抗。例如，虽然决定成为"晨型人"，但闹钟响的时候都会想再睡5分钟，这就是一种既有习惯的抵抗。这里所说的既有习惯，同样也是包覆着神经元的髓磷脂，只是该神经元无法对我们要达成的目标带来什么帮助。所以如果要依照大脑的运作方式，来说明改掉坏习惯、养成好习惯这件事，就是避免包覆现有神经元的厚实髓磷脂的影响（抵抗），让新神经元外的薄髓磷脂逐渐增厚。

同时达到前面两个目标的要领，就是重复极为简单的行为。因为非常简单的行为不仅不会引起现有神经元的抵抗，还能借由重复让新神经元的髓磷脂变厚。以下是重复简单行为的要领。

戒急用忍

首先，我们必须放下希望立即见效的贪念。重复极为简单的行为，对非常着急的人来说是个令人有些烦躁的方法，他们会不满地想："用这种方式到底何时才能看见效果？"当然，我们的确也能立刻彻底改变自己的习惯,就好像有些老烟枪可以在一夕之间成功戒烟一样。不过为了立竿见影,我们需要极为强大的自制力。而这样的尝试,会使现有的神经元产生强力的抵抗,我们很可能无法坚持到新神经元的髓磷脂变厚。这也是为什么高强度的瘦身、斯巴达式的暑假计划等,执行起来很容易三天打鱼,两天晒网。

建立简单的行为

将想要养成的习惯拆解开来,分为几个极为简单的行为。这一项要领的核心,在于将这个行为拆解成几个小部分。如果小到让人觉得可笑,那就表示你成功了。非做到这个程度不可,是因为这样才能完全避免既有的习惯做出抵抗。例子如下:

想养成的习惯	极简单的行为
每天写日记	每天写一句话
每天学西班牙语	每天背一个西班牙语单词
每天运动	每天穿上运动鞋在玄关站1分钟

重复极简单的行为

重复极简单的行为，其重点在于"重复"，因此，一天只做一次也没关系，或一星期只在特定的日子做一次也可以，但绝对不能不做。因为不做会使"不必特别去做也没关系"的信号流过神经元，进而使髓磷脂的形成产生混乱。如果在必须做这件事时感到抗拒，那就表示你还没把这个行为拆解到最小。如果是因为抗拒感而使你失败，那就必须把行为拆解得更小一点并从头开始。例如，若连穿上运动鞋在玄关站 1 分钟都嫌烦，就干脆改成用手抓着袜子（不需要穿）站 1 分钟。

增加极为简单的行为

为什么一点一点增加那些重复的行为这么重要？因为能发出精准信号的重复行为，执行起来会越来越轻松。如果你做这个行为时，有至少一个星期以上没有感到抗拒，那就可以往下个阶段进行了。每年都名列诺贝尔文学奖有力候选人的村上春树，也是用这种方式写作的。他说，在不想写东西时仍然坐到书桌前面，是一件非常重要的事情。即使不拿笔也没关系，只要坐在那里就好。当这种简单的行为成功之后，就会开始想写点什么了。这告诉我们，村上春树同样也是借着重复极为简单的行为，来让自己每天都能持续写作的。

以上是借由重复极为简单的行为改变习惯的方法。对独自学习的人来说，习惯管理尤为重要。因为独处的时间越长，生活就越容易变得没有规律，而使生活失去规律的，其实就是不必要的行为。以"乡村医师"为笔名的朴庆哲医师，在《自我革命》一书中提到："'没时间'这句话，其实就是抱着一堆美好却没用的东西但不肯放弃的意思。抛下那些不必要的事物，用必要的事物填补其空缺的过程，就是自我管理的起点。"

建立"Not-to-do list"，不做不必要的行为，并用"To-do list"来填补那些时间吧！能依照自己的理想培养习惯的人，就能创造出理想的人生，因为人生就是习惯的累积。

按时吃饭且八分饱，才能学得好

我的一位学长现在是律师，他在准备律师考试时曾经说过："我最羡慕健康的人，我愿意做任何事来保持健康，只要不生病，读书这件事就会成功。"他的肠胃本来就不太好，作为考生的生活让他压力很大，连饭都没办法好好吃。他也因为身体不好，所以吃了很多苦头，生病一次就会浪费掉好几天的时间。他又不玩，而且学习的意志力也很强，却因为健康问题而无法专注于学习，真的很可惜。

如果有人现在在想"饮食跟学习有什么关系"的话，那你真的很幸运。你不是还年轻，就是体质很好，没有机会发现饮食管理的重要性，所以才会有这种想法。

事实上，善于饮食管理，就能把书读好。在本章中，我们会介绍为何对独自学习者来说饮食管理很重要，以及该怎么吃才能给学习带来帮助。

饮食管理的重要性

成均馆是朝鲜时代的最高教育机关，以现代的体制来看就是国立大学。朝鲜时代的科举考试分为小科与大科，只要通过第一次的小科，就获得进入成均馆就读的资格，就像是参加完大学入学考试进入大学一样。不过成均馆打分数的方式很有趣，学生们会拿到内审分数，如果这项分数好，参加真正能考取公务员的大科就会比较有利，所以对学生来说这项分数非常重要。

那么朝鲜时代的最高教育机关都是怎么打分数的呢？令

人意外的是，这项成绩的高低取决于学生是否参与用餐。成均馆每天会提供早、晚两餐，这两餐都必须出席，才能拿到一分的内审分。如果内审分数达到300分，就可以不受限制地参加每三年举办一次的定期科举，以及随时举办的特别科举考试。

其实早、晚两餐都在学校餐厅吃并不是件容易的事。仔细想想，大学生如果想在学生餐厅吃早餐，那必须很勤劳，晚上的聚会也必须节制。克服众多困难在学生餐厅吃早餐的人，可以一早就开始学生生活，当然也能把书读好。高中时有位老师曾说，他大一时，有同学刻意把一星期每天的第一节都排满了课。为了每天早早开始学生生活，于是用这种方式鞭策自己。那位朋友四年都这么做，而他也如愿在大学四年期间一直名列第一。

每天晚餐都在学校餐厅吃饭，同样也是件了不起的事。因为要做到这一点，不想读书，或是想喝酒的时候也必须忍耐，一直在图书馆待到晚上才行，而能做到这一点，就能确保一定的学习分量。我在大学时有个总会到图书馆报到的后辈，虽然他没有超早到校、超晚离开，但每天都很规律地在早上7点40分到图书馆，晚上9点离开，让人印象非常深。也因为这种做法确保了他的学习分量，他只花了两年半的时间，就"如预期地"通过了司法考试。

考试村也有不少这类关于饮食管理的故事,当地流传"在考试餐厅买月票,一天不漏地去用餐就一定会考上"的说法。司法考试生去考试餐厅通常都是每餐买餐券去吃,但考试餐厅也会售卖一整个月每餐都能去吃的月票。直接买月票虽然比买单张餐券便宜,但实际上买了月票的人,几乎没有能真正吃满90次的。因为睡懒觉、有聚会、经历低潮期等,各式各样的原因都会打乱生活节奏。因此,"买月票并吃满一个月"这句话的意思,其实就是生活非常规律的意思,也代表这个人能确保一定的学习分量,证明这个人自制力很好,"一定会考上"这句话也就有了可信度。

因此结论只有一个,按时吃饭的人就能把书读好。朝鲜时代认为用餐规律者能充实学业,同时学业成就也较高的观察敏锐且正确,这也是独自学习者需要重视饮食管理的原因。饭不只是饭,饮食管理就等同于生活管理。

吃辣为何对学习不好?

现在,让我们来谈谈对学习有益的饮食。我并不是要谈论食物对身体的好坏,只是想点出一个非常简单的原则,是每个独自学习者都必须实践起来且非常容易的原则。那就是:"学习者应吃得简单,应吃得适量。"

所谓单纯的饮食，是指不过辣、过咸、过甜，较为清淡的食物，可以想成是简朴的家常菜。医学里有一句话叫"药食同源"，意思是说饮食与药的根本是相同的。只不过食物中性质较为单纯、适合每一个人的就称为食，而性质较为强烈、会对身体造成较大影响的则称为药。例如人参、蜈蚣、鹿茸等传统药材通常称为生药，是将可以吃的天然食材直接（生的）晾干、切开、磨成粉作为药使用。从药食同源的观点来看，饮食确实也是一种药。现在不是也有很多人为了健康而把发芽米、洋葱、昆布、蒜当药吃吗？学习的人在吃东西的时候，当然也要把它当成在吃药一样注意。

　　单纯的饮食能稳定身心，因为食物进入嘴里之后，就会成为我们身体的一部分。学习时身心都必须平静、安定，太过浮躁、太过低落都不好。俗话说"学者要像灶上的猫""做学问必须像怀抱鸡蛋那般小心"，两句话都是在强调身心必须冷静、不受动摇。相反，不单纯的饮食就会使人燥热，让气过于躁动，使身心无法维持平衡，而其中太辣的食物对学习的人尤其不好。

　　当前社会上吹起一股嗜辣风潮，甚至有人称这种嗜辣是一种猎奇行为，使得许多餐厅纷纷推出辣到不像话的食物。这种餐厅之所以受到欢迎，是因为辣本身会让人上瘾，就像酒喝了会想再喝，一旦开始抽烟就很难戒一样，辣也会使人上瘾，所以会令人想一再尝试。辣也具有让身体的气往外发散的性质，所以吃辣会感到燥热、流汗，而这种能让人感到爽快的效果，也是被压力较大的现代人所看重的部分。问题是通过这种方式发散的气，其实是我们必须用于工作或学习的能量。吃很多辣并大量流汗之后，人会变得昏沉且没有精神。

几年前，我曾经因为身体状况整体不佳而去看医生，医生曾建议我少吃加了辣椒粉的食品。或许是当时我因为过劳，整具身体空空如也，所以不能吃这种散气的食物。对于所谓散气的食物，适量吃可以纾解（累积的）压力，但反之吃过量，就会排出（汇集的）精力，对身体一点都不好。于是，医生要我干脆戒掉红色的食物，所以我大概有三个月连泡菜都不碰，后来才找回健康。其实辣椒粉是壬辰倭乱时由倭军传入的，当时他们将辣椒粉当作化学武器使用而非用于饮食当中，倭军会燃烧辣椒粉，让烟雾飘入敌阵。朝鲜时代的实学家李晬光在《芝峰类说》中如此形容辣椒："南蛮椒（辣椒的别名）为毒草。于酒馆与烧酒一同出售，不少人因吃了它而丧命。"

想想有重要考试的日子吧！是不是那天连便当的小菜都会特别用心准备呢？便当里应该大多都是好消化的小菜吧？这表示大家都知道，为了维持平静的心情跟最佳状态，饮食扮演着非常重要的角色，独自学习者平时就要尽可能地吃这些食物。

泰陵选手村[1]的国家代表运动员们，可不是只有在比赛当天才做饮食管理啊，不是吗？

学习的人为何应该吃得适量？

这里的适量，是指不能暴饮暴食或过食的意思。迄今为止的相关研究，以及在以老鼠等各种动物为对象进行的实验中，都发现了长寿的秘诀就是限制热量的摄取。自古以来就有"吃八分饱（腹八分）能长寿"的说法，这些实验也证实了这句话没错。尤其近来有研究结果指出，与人最为相似的动物猿猴，暴饮暴食或过食会使老化的速度加快。用照片记录同龄的猿猴，也能发现吃得较为节制的猿猴，看起来比尽情吃到饱的猿猴要更年轻。

虽然无病、长寿是大家共同的愿望，不过独自学习者之所以要吃得适量还有别的原因，那就是这样才能把书读好。为什么呢？一旦吃太多产生饱腹感，就会让人想躺在床上或坐在沙发上发懒，人人皆是如此。若降服于这种心情而开始发懒，想学习的心情就会消失，而"明天再开始读吧！"的致命诱惑便会抬头。问题是这种诱惑并不是偶尔出现一次而已，是每天会

---

1 译注：韩国的国训中心。

反复出现，所以一旦陷入这种饱腹感、发懒打滚跟"明天再开始"的模式当中，别说是学习了，任何事都做不好。

其实，我比任何人都了解这个问题的重要性，因为我亲身经历过只要好好节制进食，就能对学习带来莫大帮助这件事。

不久之前，我接到一个邀请我拍 30 堂在线课程的提议。那是必须在三个月内完成的项目，为了录像，首先必须准备将近 300 张 A4 纸的内容。当然，这些事情都必须在下班之后，且维持播客正常运营的情况下找时间来处理，同时我也不能减少睡眠时间或不去运动。因为减少睡眠时间，专注力就会下降，稿子的质量就会变差，而不去运动就什么都不能做，所以我选择省略晚餐，只用水果简单代替，或是站在饭锅前吃个两勺左右就立刻开始工作。后来怎么样了呢？既然没有饱腹感，我也就不会想躺着发懒，每晚直到睡前都有好几个小时的时间可以工作，虽然很饿就是了。不过最后，我顺利地在截止日期前拍完所有的课程影片。

为什么吃太饱会不想读书，吃得适量反而能把书读好呢？这是长久以来的进化结果，与我们体内的程序有关。人体被设定为处在危急状态时，就会唤醒生存的本能。自南方古猿以来，威胁人类生存上百万年的最大敌人，就是寒冷与饥饿，毕竟当时人类真的会饿死和冻死。然而，也多亏了这些累积上百万年的信息，使得我们的身体在吃太多、暴饮暴食的时候，就会判断身体已经脱离危机状态,于是紧张感与专注力等生存本能便会降低,产生想先休息一下的心情。这也是为什么学习者应该吃得适量。

能随时把书读好固然很棒,但不幸的是我们的身体没办法做到这点,所以我们必须理解身体的运作方式,并聪明地调整身体。调整身体的关键,就是饮食管理。白手起家、备受尊敬的政治人物本杰明·富兰克林(Benjamin Franklin)在22岁时,就以"要当个道德上完美的人"为目标,制定要遵守的13项道德准则并终生奉为圭臬。大家应该记得,这13项成为完人的道德准则当中,第一项就是:"节制,不吃喝到过饱。"

做好睡眠管理,让我们边睡边学习

几乎没有学习的人不为睡眠问题而烦恼。以前是三当四落[1],现在是四当五落,上榜与落榜的标准几乎可以说是靠睡眠时间决定的。因此,很多学生和考生都会用冷水洗脸、打自己

---

[1] 译注:每天睡三个小时的学生会上榜,每天睡四个小时的学生会落榜,意指要够勤劳。后面的"四当五落"意思相同。

巴掌等方法来与困意对抗。

我也是长时间与困意对抗的人,关于睡眠真的有很多可以说的事情,不过先不详述那些对抗的内容,从结论说起:"不需要强迫、过度减少睡眠。"

不过随着科学技术进步,我们开始能精密分析大脑中发生的事情,所以对睡眠的想法也开始改变。研究证实,在睡眠过程中,大脑会继续做非常重要的事情,其中最值得关注的部分就是长期记忆的储存。所谓学习,是"将外部刺激储存成长期记忆",清醒时外部刺激会不断进入脑中,大脑需要分门别类整理,决定其中哪些刺激要转换成长期记忆。打个比方,听课时所抄下的大量笔记,分为可以整理进笔记本里的信息,以及可以直接丢弃的信息。大脑就是在睡眠的时候,集中进行这项分类的工作。因此,持续维持清醒、不睡觉,会使努力放入脑中的东西无法变成长期记忆,进而离开你的脑袋。

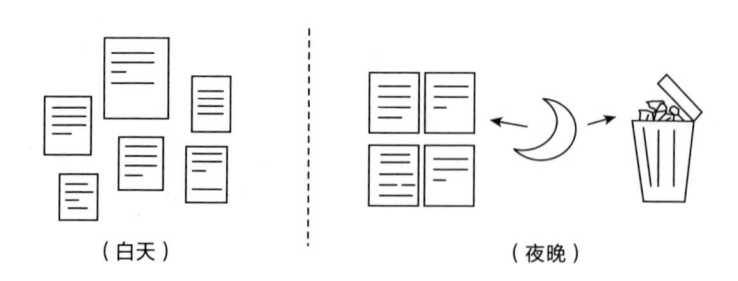

(白天)   (夜晚)

持续累积外部刺激   **区分要长期储存的记忆与要丢弃的记忆**

事实上，有许多研究结果指出，充分的睡眠与学习能力有关。美国俄亥俄州一所高中就延后了学生的上课时间，让学生多睡一个小时再来学校，后来他们发现，这样反而使学生的学业成绩提升了。美国明尼苏达大学曾针对 8 所高中，以约 9000 名学生为对象，进行上学时间与学业成就的相互关系评价，最后也获得了相同的结果。相反，当学生一整夜不睡都在解题时，他们的智力指数会比平常低 13 分，也可能在数学考试中出现答对率只剩一半的情况。各位还记得在设定目标篇当中提到的黄农文教授，以及他以全国第一名为目标的儿子吗？他对儿子强调的原则当中，有一项就是"晚上 12 点之前睡觉"。

我们不需要强迫、过度减少睡眠，因为睡觉的时候能储存长期记忆。为此，若想把书读好，就必须有充足的睡眠。只是这里所谓的"充足的睡眠"，是指"适当的睡眠"。如果是在结束适当的睡眠之后，仍继续在棉被里翻滚，则不属于这里所说的"充分的睡眠"。

有效获得更"好"睡眠的三个方法

什么才算是适当的睡眠呢？虽然无法精准地给出一个数据，但至少是能消除白天累积的疲劳，让人维持在最佳状态的程度。不过，研究睡眠的学者都说睡眠的分量其实并不一定与睡眠时间成正比。如同"学习量 = 学习时间 × 专注度"一样，睡眠同样不仅取决于长度，还看重质量。

我所使用的智能手环有检测睡眠的功能，戴着智能手环睡觉的话，手环会分析整晚翻身的频率，利用不同的数据帮助我们掌握前一晚的睡眠状况。手环会分别显示睡眠时间、睡眠中翻身的次数、睡眠中醒来的时间等。只要观察这些数据，就会明白在床上躺到腰痛，并不能被称为睡了个"好"觉。睡眠时间拉长时，翻身的次数与睡眠中醒来的时间也会增加。如果躺了超过必要的时间，睡眠的质量也会变差。该怎么做才能睡得够沉，同时又睡得刚刚好呢？我将介绍几个我认为不会太过困难，同时又有效的方法。

4 小时半睡眠法

这是经营知名睡眠诊所的日本睡眠专医远藤拓郎所提出的方法。他以论文和临床数据为基础，提出了这个具备可行性的"最低限度睡眠时间"。

"唯一能确定的，就是睡太多并不好，睡得太多反而会使大脑状态变差。不过只睡 3 小时也会太过勉强，甚至有罹患失眠的风险。身为睡眠专家，我认为的睡眠时间底线是 4 小时半。但不是单纯地睡 4 小时半就可以撑过一整天，而是必须在最佳的睡眠环境之下，让睡眠的质量提升到最高，维持 4 小时半的熟睡状态，才能不受任何阻碍地正常生活。"

根据 1973 年美国加州大学进行的一项研究，只要每天确保 6 小时的睡眠时间，工作的效率就不会大幅衰退。也就是说，只要睡眠时间超过 6 小时，就不需要担心"因睡眠不足而出事"。另外，1993 年瑞士苏黎世大学以这项研究为基础，发表了进一步的研究结果。实验团队要求原本每天睡 8 小时的受试者连续四天睡 4 小时，接着再连续三天睡 8 小时。在这个过程中检测他们的生长激素水平，发现即使那四天期间睡眠时间比平时少 16 小时，但只要有一天睡满 8 小时，就能恢复大部分因睡眠不足而减少的部分。也就是说，被剥夺的睡眠时间并不需要靠持续增加睡眠来补足。以这样的研究结果为基础，远藤拓郎医师建议，忙碌的周一到周五每天睡 4 小时半，周末则睡 7 小时半。这里的 4 小时半（90 分钟乘以 3）和 7 小时半（90 分钟乘以 5），是遵照一般人深眠与浅眠这个 90 分钟完整睡眠周期所定出的标准。

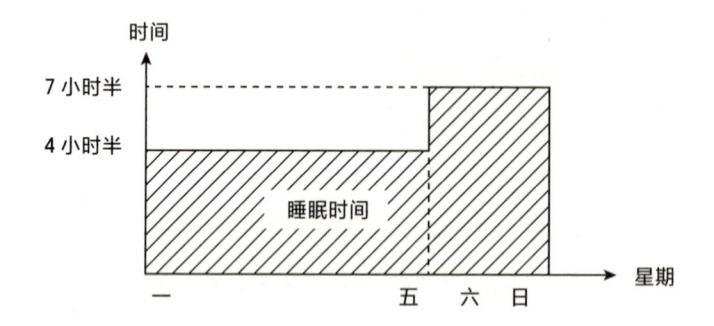

```
时间
7 小时半 ┬──────────────┐
         │▨▨▨▨▨▨▨▨▨▨▨▨│
4 小时半 │▨▨▨▨▨▨▨▨│   │
         │▨▨睡眠时间▨▨│   │
         │▨▨▨▨▨▨▨▨│   │
         └────────┴───┴──→ 星期
         一         五 六 日
```

90 分钟周期睡眠法

这是以 90 分钟为周期，让人搭上"睡眠列车"的一种方法。法国小说家柏纳·韦伯（Bernard Werber）曾在《绝对和相对知识的百科全书》（L'Encyclopédie du savoir relatif et absolu）一书中提过这个方法。他认为不仅我们的睡眠是以 90 分钟为间隔，在深眠与浅眠之间反复交替的，傍晚时分突如其来的困意，同样也是以 90 分钟为间隔反复交替出现的，就好像每隔 90 分钟便会驶入站台的循环列车。因此，最重要的事情就是以分钟为单位记录自己感觉到困意的时间。例如，傍晚 6 点 36 分左右突然感觉到困意，那就把这个时间记录下来，下一次觉得困的时间就可能是 8 点 6 分和 9 点 36 分。只要等着这辆列车进站并立刻上车，就能立刻进入深眠状态。然后把闹钟定在三个小时之后，配合 90 分钟的周期从睡眠中醒来。重复这样的练习，我们的大脑就会逐渐压缩睡眠的阶段，并以深眠为主分配睡眠时间，这就是他在书中所强调的观念。他在《绝对和相对知识的百科全书》一书中也预言"总有一天学校会开始教导我们的孩子控制睡眠的方法"。

事实上，另一位日本睡眠专家藤本宪幸也建议了相同的方法。一些企业家一天也只睡三四个小时，但精力却相当充沛，他们如此介绍自己的睡眠方式："我没有规定自己一定要几点睡觉。无论是凌晨 1 点还是 2 点，我都会一直工作，直到再也忍不住睡意的时候，再'啪'地倒下睡觉。这样只要稍微睡一下，醒来就会觉得神清气爽。"

不去思考睡觉的方法

大学时我曾上过佛教哲学课。教这门课的教授，是一位在冥想与呼吸修行上造诣很深的人。我当时正在思考有什么方法能减少睡眠时间，所以曾问这位教授："我想减少睡眠时间，该怎么做才好？"我想，或许会有一些在道人之间流传的秘诀，于是满怀期待地提问。没想到面对我的"如何减少睡眠时间"的问题，道人只是回答说："不要去想减少睡眠时间的方法，应该想想该如何多让自己保持清醒。"

我们常以北极熊的例子来讲述思考的奥秘。当有人说"别去想北极熊"的时候，人的脑海就会立刻浮现北极熊的样子，因为大脑无法辨识"No"这个否定词。即使想"不想做××"，大脑仍听不懂"不想"这两个字，只会记得"××"，便会让我们一直往"××"的方向前进。跟睡眠有关的建议也是一样，即使每天晚上都在想"要减少睡眠时间"，大脑也会因为听不懂"要减少"，所以只会一直想着"睡眠"。一直想跟睡眠有关的事，自然就会被睡意侵袭。如果真的想减少睡眠时间，就不该思考减少睡眠时间的方法，而是该思考如何能让自己多保持清醒才对。晚上做体操、听喜欢的音乐等，把焦点摆在"清醒"上，这样醒着的时间就会变长，更能只睡必要的时间却又有良好的睡眠质量。

以上就是不需要太过勉强，又能有效调整睡眠的方法。

当作考试来尝试一下，就能配合自己的需求调整睡眠时间，白天也不会感到太过疲惫。就像中国作家林语堂所说的，我是个认为"躺在床上是人生一大乐事"的人，只是不希望一年365天都跟睡眠对抗而已，有需要的话随时都能适当调整睡眠时间。如果要说前面三个方法的共通点，那就是"睡着那一刻的专注度"。很多亲身实践过这些方法的人都表示，可以努力让自己保持清醒，并瞬间"啪"地睡着的人，早上肯定也能立刻起床。

独自学习者必须睡好觉，而睡好觉是什么意思？不就是躺下去立刻睡着，早上起来神清气爽吗？如果希望睡得刚刚好、希望能为了学习睡个好觉，且想要幸福地进入梦乡的话，那就不要硬逼自己减少睡眠时间，而是要多让自己保持清醒，再让自己能瞬间入睡，因为这样就能让你立刻进入最高质量的睡眠状态。

"意志力"与"优先级"是做好时间管理的核心

本杰明·富兰克林曾说："如果你爱你的生命，就别浪费时间，因为生命是由时间所构成的。"生命由时间所构成，这对独自学习者来说也绝无例外。"学习要有效率"这句话的意思，就等同于要有效率地使用学习的时间。然而，即使人人都知道时间有多宝贵，却很少有人关心时间管理的要领，更没有什么人会真正实践这些要领。

在这里，我们首先会探讨为何需要时间管理，其次介绍一种人人都做得到的时间管理原则。只要花几天实践这个简单的方法，你就能发现自己可以在相同的学习时间内获得更多收获。

首先，我们一定要知道时间管理的必要性。独自学习者当中，许多人虽然有认真学习的毅力，却不曾好好管理自己的时间。理由大致有两种：**第一是不明白时间管理有多重要，第二是即使隐约知道这件事，却嫌麻烦而不想做。**很多人会抱着"认真就好啦，何必非得……"等虚应故事的想法，不过靠这种只要认真读书就好的心态还是不够的，因为我们的大脑跟不上我们的心，它的意志力是有极限的。

美国斯坦福商学院的巴巴·希夫（Baba Shiv）教授，就曾经利用香甜的巧克力蛋糕研究意志力。他将165名学生分成两组，让一组学生背下两位数的数字，另一组学生则背下七位数的数字；接着让学生移动到别的场所，并要求他们在移动的过程中必须持续记住刚才背的数字。他在学生行经的走廊上，放了很多能让他们任意取用的点心。点心包括一些很甜但对身体不好的巧克力蛋糕，还有没那么甜但对健康有益的新鲜水果，学生只能从中选择一种。

哪边会得到较多学生的选择呢？结果很明显。记七位数的学生中选择巧克力蛋糕的人数是记两位数的学生中的两倍。人只要面对在认知上稍微困难的事情，换句话说就是处在需要稍微用点脑袋的状况下，意志力便会在不知不觉间大幅下降。

这里还有另一个例子，是以色列监狱针对假释做的研究。当还剩下一定刑期的囚犯申请假释时，会由一群假释审查官评估能否让这个人提前回归一般社会。他们在 10 个月内审查了 1112 份囚犯的申请,审查是以听取赞成与反对双方的意见之后,在 6 分钟内决定假释与否的方式决定。审查对象大多是刑期很长的重刑犯,故假释审查是一件不能马虎的事。

不过他们观察到一件有趣的事。假释官每次审查都会尽力且慎重,在这样的情况下假释率应该会维持相同的水平。也就是说,无论审查时间是白天还是晚上,没有问题的囚犯就应该获得假释,有问题的囚犯则必须回到监狱中才对,可是结果却并非如此。虽然在审查官状态较好的早晨,以及在两次休息之后立即开始的假释审查,假释认可率达到 65%,但在休息时间之前以及在一天即将结束时开启的假释审查,认可率却几近于零。也就是说,何时接受假释审查会影响一个人的人生。怎么会有这种事呢?

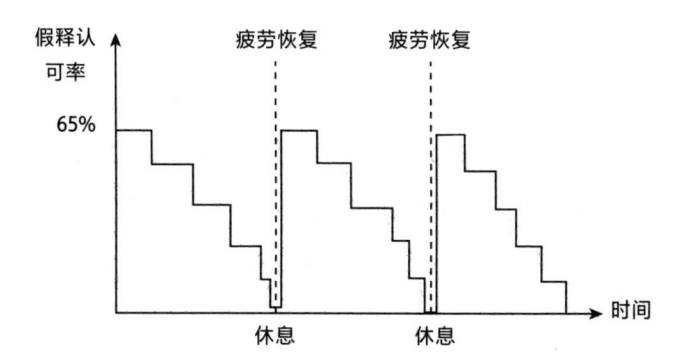

这种从囚犯的立场来看极度不公平的模式，若用审查官的意志力问题来解释，那就说得通了。审查需要高度的专注和能量，是非常辛苦的精神劳动，因此长时间审查下来，审查官的意志力会消耗殆尽。失去意志力的审查官无法专注地判断囚犯能否回归正常社会，处在不知道该怎么办才好的呆滞状态。仔细想想，不知道该怎么办的时候，我们会怎么做呢？这时我们会选择"维持现状"，也就是让一切不要改变，让接受假释审查的囚犯维持现状，也就是不允许假释的意思，这也是在审查官疲惫不堪时进行的审查，认可率会几近于零的原因。

从上述两个例子当中能看出，我们的意志力有极限。

早上满满的意志力会随着时间流逝渐渐减少。如果面对困难的作业或棘手的工作，意志力减少的速度就会加快，就像智能手机电池放电的速度一样。持续使用智能手机，电池的电量自然会见底，我们必须考虑电池的残余电量，优先处理重要的业务，游戏或上网等较不重要的事情就必须推迟。意志力也一样，有些事情必须在意志力满载时处理，也有些事情可以在几乎没有意志力的时候完成。前者通常是困难且重要的事，后者则大多是不需要花太多精力的简单工作。因此，如果没有决定好这两者的优先级，就会面临先处理简单的事情，却无法再接着做要事的情况。

这就是独自学习者需要时间管理的原因。不过你也不用一讲到时间管理，就立刻联想到埋首于工作的工作狂，或是丝毫没有人情味的企业家。因为时间管理的关键，在于配合个人的意志力，决定好多项课题的优先级。只要是人，意志力就会有极限，所以决定工作的优先级自然是不可避免的事。无论我们面对的课题是工作、安排约会行程还是考试，都是相同的道理。

开始学习之前决定优先级，从重要的事情开始做

然而，独自学习者该如何建立时间管理的原则呢？市面上有许多教导时间管理要领的书，只要翻过几本自我提升的书，就能轻松收集到许多信息。不过我在这里不会一一提及这些要领，只会介绍一个独自学习者能实践的简单原则。

现在让我们倒转时间回到20世纪30年代，伯利恒钢铁公司的创办人查尔斯·施瓦布（Charles Schwab）向管理顾问艾维·李（Ivy Lee）寻求意见："请告诉我如何能在有限的时间内做更多事。如果有方法能做到这一点，我会依照那个方法的效果支付相应的顾问费。"于是艾维·李便拿出一张纸，要查尔斯照着他的话去做。

一、在纸上写下明天要做的事。

二、依照重要程度为工作编号。

三、明天早上上班之后，从编号一的事情开始做起，在那

件事结束之前都不碰别的事。

四、工作结束之后再去看接下来的清单，重新排好优先级之后，再从新的编号一开始做起。

五、不需要担心无法把清单上的事情都做完，反正工作本来就不可能做完。

艾维·李说："就照这个方法试试看，如果觉得有效，再支付相应的顾问费就好。"接下来的几个星期里，查尔斯便依照这个方法处理工作，也发现这个方法的确有用，于是他支付了相应的费用，并将支票寄给艾维·李。究竟他付了多少钱呢？支票上写着的金额是 25000 美元。这是发生在 20 世纪 30 年代的事。

决定事情的优先级，从最重要的事情做起，是 20 世纪的人认为价值超过 25000 美元的有效方法，也是我想告诉各位的时间管理原则。非常简单，不需要复杂的诀窍，不需要特殊的工具。我们要做的每件事的重要性都不同，从最重要的事情开始做，才能创造最好的成果。如果把重要的事情摆在一边，从较不重要的事情开始处理，那就是一种放弃较大获益、选择较小获益的行为。在我们获取较小收益的时候，意志力会逐渐枯竭，而获得较多收益的时间也将一去不复返。每天都重复这样的事情，最后自然不可能获得好结果。

学习之前

这里的"学习之前",指的是充满意志力的时候,可能是专职考生刚抵达读书室的时间,也可能是上班族刚下班的时间。一般来说,早上展开全新的一天时,是意志力最为充沛的时刻,不过只要稍微注意一下自己的生活节奏,就不难掌握自己意志力充沛的最佳时间点。例如,以我的情况来说,下班运动完后回到家、坐到书桌前的那一刻,是我意志力最为充沛的时间。

决定优先级

每个人在决定工作的优先级时,会以成果的大小为标准进行判断。例如《最重要的事只有一件》(*The One Thing*)的作者加里·凯勒(Gary Keller),就建议人们自问:"你能做的唯一一件事,借由做这件事,能让其他事变得简单或不必要,这件事是什么?"借此找出最重要的那件事情。

其实对学习的人来说,优先级会有点不一样。如果依照加里·凯勒所说的,把要学的东西缩小到"唯一一样",那么就只要学一样就好。问题在于考生需要同时准备很多科目,即使比重不同,仍然必须每一科都做足准备,这时该怎么决定优先级呢?这时只要用两个标准思考就好。

第一是成果的大小。

例如,对高三理科的学生来说,能创造最大成果的科目就是数学,如果有这种一定要拿到高分的科目,那该科的优先级就较高。

第二则是课题的难易度。

每个人都会有较不拿手的科目,相对地也会觉得该科较为困难。越是觉得困难的科目,就越可能绊住自己前进的步伐。所以如果有让你觉得压力很大、不想读的科目,那该科的优先级就较高。如果在符合这两个标准的主要科目当中,有你特别不拿手的科目,那该科就应该排在最优先的位置。现在才刚开始读书,意志力十分充沛,那就应该从那一科开始读。

此外,如同多个科目中总会有比较重要的科目一样,在一个科目当中,同样会有比较重要的部分。我们也可以用之前介绍过的方法,也就是以成果的大小和课题的难易度为衡量标准,找出较为重要的部分。也就是说,重要却让人感到困难,或是不太想学的部分,那就百分之百是最重要的部分。例如,你现在在准备历史能力考试,特别容易搞混朝鲜时代末期的几个事件;或是你的数学特别差,尤其对于序列与排列组合,实在是搞不清楚;再不然就是宪法这科让你头痛,尤其对于宪法修订的历史,你总是含糊带过,那这些部分就应该是重中之重。

从重要的事情做起

决定好优先级之后，就该照艾维·李的建议，从编号一的项目开始做起，且在完成之前，都不去碰其他的部分。当然，编号一的项目通常是"困难科目中的困难部分"，所以我们肯定恨不得避开编号一，先从其他部分做起。不过绝对不能逃避，因为开始读书的时刻是意志力最充沛的时刻，时间久了，意志力就会逐渐薄弱。把编号一的顺序往后推，就好像是一个坐在书桌前打瞌睡的人，决定"先躺到床上去再来想办法让自己清醒"一样。

以上，就是给独自学习者的时间管理核心原则。"学习之前，先决定优先级，从最重要的事情做起！"抛开"认真读书就好，何必……"的安逸想法，只要每天都遵守这个原则，你就能在几天内改头换面。为什么？只要思考一下，就会发现这是理所当然的事。**在学新东西的时候实力就会提升，也因此，挑选不懂的东西来学，实力就能快速提升**。而从编号一的东西开始学起，代表先学不懂却能创造最大成果的部分，而这也意味着正面迎战能最快提升实力的部分。这样一来，实力自然会越来越强。每个独自学习者都很想知道"该怎么学习才能最快提升实力"，那就是开始学习之前先决定优先级，从重要的事情做起。幸好这个答案其实离我们并不远。

最好的规律管理，造就最好的生活

棒球迷肯定都知道，铃木一郎是美国职业棒球大联盟的传说打者。在美国职业棒球大联盟 140 年左右的历史当中，只有 30 多人达到 3000 安打的成就。1973 年生的铃木一郎已经 40 多岁，但直到 2019 年仍以现役选手的身份上场比赛。以前他曾在一次访问当中提到，自己的抱负是"成为即使已经 40 岁，仍能跑得像 25 岁的选手"。铃木一郎能保持最佳成绩，而且还能持续这么久的原因究竟是什么？

包括一郎在内的许多人，都在规律当中找到了秘诀。规律（Routine）是指"依照固定规则做事的顺序与方法"。例如，我们会听从游泳教练的口令，按照相同的顺序做准备运动，这就是一种规律。很多运动选手都认为规律非常重要，其中最具代表性的例子就是一郎。不，我们或许可以说一郎遵守的规律，是人类所能做到的极致。因为他的日常生活完全配合棒球规划，把每一天都过得像同一天一样。他不仅依照相同的顺序进行相同的训练，甚至连续好几年午餐都只吃比萨，而且连比萨的种类都一模一样。在大联盟出赛的 15 个球季中，他的体重变化不超过 0.5 公斤，这也证明了他过着多么严格的规律生活。

如果你对"规律"一词感到很陌生，那也不需要担心。因为很少有人知道规律是什么，更鲜少有人明白规律有多么重要。为什么规律很重要？答案就藏在遵守规律的目的当中。

我们的状态经常起伏不定，有时学习非常顺利，但也会有完全不想动的时候。如果不想学习的状态持续好几天，我们就会将其称为低潮。学习者总认为状态起起伏伏是理所当然的事，不过这真的是正常现象吗？顶尖的运动选手可不一样。他们总是维持在最佳状态，他们认为那是自己该做的事，因为不懂得调整状态、比赛状态起起伏伏，其实就是实力下滑的证据。所以运动选手会创造规律，他们相信只要有相同的原因，就能产生相同的结果，所以他们总是依照相同的菜单吃饭，用相同的顺序进行相同的训练。大家都希望能借此创造最佳状态，发挥最佳实力。

独学者，就好比运动选手一样

独自学习者也必须这么做。如同运动选手一样，学习者每天都要用不成功便成仁的敏锐感受去学习。学习者必须准确判断自己的状态，计算出自己今天坐到书桌前，必须创造出相当于几分的成果。以这样的领悟为基础，每天都发挥百分之百的能力，并将这些日子累积起来，就能活出百分之百的人生。为了创造百分之百的每一天，我们需要规律。没有因就没有果，状态起伏不是理所当然的，有起伏的原因，才有起伏的结果。只要我们将创造最佳状态的因素全部搜集起来，规划出合适的规律，就能长时间维持最佳的学习效果。就像一郎面对棒球一样，我们也能在学业上长期、持续取得最佳成绩。

创造规律的四阶段

独自学习者该如何创造规律？在正式开始说明之前，有件事情我要先提醒一下。如果有人觉得"创造规律"这句话给人的压力很大，那真的不需要太过担心。原因有二：第一，规律需要多么严格仍然因人而异，当然，像一郎那样的一流运动选手，会非常严格地遵守规律就是了。不过他们也花了很多时间，才让这些规律融入自己的生活。如果抱着"创造完美的规律，且要从今天开始彻底执行"的野心，那这些想帮助提升学业能力的规律，反而会成为压力的来源。第二，即便没有听过"规律"这个词，其实人人都有创造规律的经验。例如小学时做的暑假生活计划表、为了减肥而规划的食谱，都是"为了获得成果而以固定的顺序和方法决定该做的事"。只是我们不明白规律的重要性，所以不会刻意创造、强化规律。放下压力，一起来看看创造规律的四阶段吧！

写下每日例行待办事项

试着把每天要做的事以及自己想做的事情写在纸上。可以想想我们一直以来强调的"运动"或"设定优先级的习惯"等。把在阅读这本书的过程中决定要尝试一下的事情都写下来。例如对于现在的我来说，就会写"运动、做播客、读书"。

创造规律

看着每日例行待办事项，思考如何安排最有效率，并以此为依据决定顺序与大小。我的情况如下：下班之后去健身房，在不勉强自己的范围内决定运动量。回到家之后趁头脑最清醒的时候先处理播客的事情。感觉到专注力下降时，就像汽车齿轮变速一样，改成做读书这件比较不累人的事情，书读到一半觉得累了就去睡觉。这样规划好，那下班之后我的规律就会是"运动—做播客—读书—睡觉"。

实践与评价

实践规律的同时，也要看看有没有需要修改的地方，这里的关键是"不例外的实践"。找出适合自己的最佳状态，并且依照相同的模式重复，这就是规律。但如果配合心情改变规律，便无法判断规律的效果，所以至少要维持相同的模式，花一个星期的时间实践规律，观察哪些地方好、哪些地方有问题。

改善规律

以自我评价的内容为基础，慢慢改善规律。而经由这种方式调整的规律，同样至少也必须实施一个星期观察效果，接着再一次进行评价与改善，经过这些步骤创造出最适合自己的规律。例如，我现在有下班之后立刻去健身房运动40分钟的规律，这是因为我观察自己的状况，发现如果太贪心，运动超过一个小时就会太过疲劳，导致无法处理其他事情，但如果运动时间不够长效果又会太差。还有，是吃了晚餐才运动，还是先运动比较好，我针对各种情况做了许多尝试，然后才找到最适合我的平日规律，那就是"下班后运动40分钟"。

管理学家彼得·德鲁克（Peter Drucker）在《卓有成效的管理者》（The Effective Executive）中曾说："真正运作良好的工厂，工作是单调且安静的。因为所有人都在最佳的位置，有秩序地做自己该做的事情。相反地，看起来十分忙碌的工厂其实是个没有效率且没有秩序的空间。这就像我们的日常生活，有规律的人知道该以怎样的顺序学习，所以生活自然十分单调。"

　　如果你在生活管理篇当中认识到许多能对自己带来帮助的方法，那就用这些技巧来创造规律。拥有最佳规律的人，就能活出最棒的人生。尝试创造规律这件事其实一点都不困难，持续改善规律才是困难且重要的部分，因为这样才能找出最佳规律。所以对独自学习者来说，创造规律不是可以一步到位的工作，而是必须像一辈子精进技术的艺术家一样，利用生命中的每一天、利用余生的所有时间调整，这样才可以称为真正的规律。

本章重点

习惯管理

- 习惯是能让我们做到任何事的出色工具。幸好培养习惯并不如想象中困难，培养习惯所需的自制力，就是在养成习惯初期专注于培养习惯这件事。

- 如果想培养多个习惯，建议一次培养一个，将我们的自制力依序投资在不同的目标上就好。

- 戒掉坏习惯（"Not-to-do list"）的方法：①具体记录一天的行程；②确认不必要的行为；③以此为基础制定出应该戒掉的行为规范。

- 培养好习惯（"To-do list"）的方法：①将想培养的习惯拆解成非常琐碎且不会让人产生抗拒感的行为；②按部就班地重复该行为；③逐渐加大这些极微小行为的重复频率。

饮食管理

- 饮食规律的人就能把书读好。朝鲜时代的成均馆会以学生是否规律用餐来决定成绩。管理好饮食就能管理好生活，管理好生活就能确保学习分量。

- 学习的人必须吃得简单。如同"药食同源"这句话，饮食与药的根本是相同的。就像在重要考试当天精心准备的便当一样，饮食够清淡，心情才会平静。

- 太辣的食物会使人体的气息瞬间向外发散，耗尽所有必须用于学习的能量。

- 学习者应避免暴饮暴食，要求自己吃得适量。因为长时间以来的进化，使得人类在酒足饭饱的时候就会放松、专注力下降、生存本能变差。

睡眠管理

- 不需要强迫自己过度减少睡眠时间。在睡眠过程中，大脑会进行储存长期记忆等重要的活动。许多研究都指出，充足的睡眠与学习能力呈正相关。

- 相反地，睡太多也会使大脑的状态变差。睡眠的分量由睡眠的长度和质量决定，因此深度且符合需求的睡眠才是最好的。

- 有效调整睡眠的方法：① 4 小时半熟睡法：平日一天睡 4 小时半，周末睡 7 小时半。② 90 分钟周期睡眠法：配合困意来临的 90 分钟规律，立即进入沉睡。③ 不思考睡眠法：与其思考如何减少睡眠时间，不如努力让自己醒着。

时间管理

- 人的意志力有极限。巴巴·希夫教授利用记数字与点心所进行的实验，以及关于以色列监狱假释系统的研究，让我们知道人的意志力就像智能手机电池里的电一样，会在使用的过程中逐渐减少。

- 困难且重要的事，会需要较多的意志力。因此如果不做时间管理，只是埋头苦干的话，就有可能无法处理真正重要的事。

- 时间管理原则：①在学习之前，确认自己何时充满意志力；②在充满意志力的时间点，依照成果的大小与课题的难易度，决定学习的优先级；③依照优先级从最重要的事情开始做。

规律管理

- 所谓的规律,是"依照固定规则做事的顺序与方法"。最出色的运动选手总是会努力遵守规律,以使自己维持在最佳状态。

- 创造规律的四个阶段:①将该做的事与想做的事写下来做成目录;②配合目录决定要做什么、怎么做、做多少的规律;③实践规律至少一个星期,并观察效果与问题;④以观察到的内容为基础改善规律,并重复这个过程。

精神管理、安抚心灵的方法

05

光靠努力不够用，打造强大的心理素质更重要

即便具备大脑、努力、意志、习惯等客观上能影响学业的其他要素，还是有人在精神上较为脆弱，难以专注于学习。对这种"玻璃心"的人来说，小小的刺激都能随时让他们"精神崩溃"。虽然理性上知道不能这样，但精神崩溃是一种情绪问题，因此，只有努力是没有用的；同时，在新冠肺炎这类大危机影响整个社会时，维持精神健康更是显得非常重要。不安、担忧甚至是被称为"新冠抑郁"的抑郁症状，让我们难以专注于学习，是大家共同的体验。

精神脆弱就无法持续学习，在考试这种重要时刻更无法完全发挥自己的实力，自信崩溃所造成的损失非同小可。相反地，精神强大的人则能在危机等决定性瞬间崭露头角。因此，独自学习者一定要熟悉精神管理的方法，懂得如何安抚自己的心。

这里我将点出三个独自学习者最常遇见的"精神崩溃"状况。这三个时刻分别是当产生"自己似乎做

不到"的罪恶感时、面对包括低潮在内等不想学习的想法时，以及因太过疲惫陷入绝望之中时。我会揭露每一种状况造成精神崩溃的原因，并分享能战胜这些情况的方法，最后将这些方法浓缩成关键信息，帮助每个人稳定自己的心。只要像念咒语一样重复这些信息，就能让动摇的心更加坚定。

为什么会感到挫败？

"每当看见一起学习的其他朋友，总会陷入'我真的能做到吗？'的挫败感中。其他人比我更会整理笔记、理解能力更好，也更擅长背诵。每次看到他们，我都觉得自己仿佛永远追赶不上，觉得无论如何努力都没有用。"

"我经常觉得自己像个傻瓜。这些内容明明都学过了，但下次翻开书的时候却经常什么都不记得。很希望拥有'读到这个程度一定没问题'的自信，却从来不曾实现，真是不安又茫然。"

在学习过程中，我们随时都会遇到挫折，也几乎没有人不会感到挫败。如果你从来不曾有挫败感，那只是因为你还没有目标，或是你学的东西对自己的能力来说简单许多。挫败感是独自学习者最常经历的精神问题之一。所谓的挫败感，是会减损人的意志、让人失去自信的感觉。前面我们说学习的基础是自我信赖，也就是拥有"我也能做得到"的感觉，而挫败感则是与其恰好相反的感受。因此经常陷入挫败感当中的人，无论做再多预习、脑袋再好、上再昂贵的课都没有用；这也是为什么我们一定要学会克服挫败感的要领。

让人感到挫败的情况大致有两种：**第一，看见比自己更优秀的人**。听同样的课、读同样的书，却仍有人理解能力比自己好时，就会拿对方跟自己比较，进而产生"我真的做得到吗？"的想法，并陷入挫败感中。**第二，要学的东西很多，或是内容太过困难而力不从心。**花了整整一个小时埋头苦读仍无法翻页，明明是几天前学过的内容，但再次把书打开却像初次见面那样一点印象也没有的时候，就会让人产生想要放弃的挫败感。

挫败感来自不切实际的野心

人为什么会有挫败感？处在前述两种情况当中时，挫败感的确会"轻易"找上门，但也不是一定会来。世上总是有比自己优秀的人，也有明明背过了却总是想不起来的情况，刚开始学习时，每个人都可能随时遭遇这些状况。不过有些人在面临同样的状况时，会更容易因为"玻璃心"而感到挫败，但也有些人能以"那也没办法啊"的态度一笑置之，继续埋头读书。这两者的差异究竟在哪儿？答案就在于"野心"，**挫败感较强的人，其野心也比较大。**

野心有两种，一是想要成就的野心，二是想要轻松达成成就的野心。这里的"轻松"，包括了"比别人更快、不犯任何错误、比别人更有效率"等所有心态。想要实现一些东西，且想尽可能地快速达到目标，但现实却力不从心时，就会让人感到挫败。例如，自己是一辆时速只有 50 公里上下的汽车，却看着时速 100 公里的汽车，希望能在相同时间内行驶相同的距离，这时就会感到挫败。

虽然野心是成功的动力之一，但问题是这种"野心"在实际要成就某些事情时，并不会带来任何帮助。想创造成就的想法固然很棒，有明确的目标意识也非常了不起，挑战高出个人实力许多的课题更是件很棒的事，不过想轻松达成这些目标的野心，其实只会带来挫折。在放弃与振作之间反复，只会浪费宝贵的时间，而脆弱的精神状态对学习自然也不会有任何帮助。

那么要如何解决学习上的挫败感呢？**首先，我们必须知道，挫败感是来自野心的。**

世上总是有比自己更出色的人，也会有超出自己能力范围的课题。如果想和对方获得相同的成果、想要顺利解开力所不能及的问题，那就必须付出更多的努力。没有付出相应的努力，却想轻易获得成就的野心，便会催生出挫败感。释迦牟尼告诉我们，正视痛苦，痛苦就会消失。了解到挫败感是源自野心的，并明白此刻要做的事就是倾注更多的努力之后，挫败感便会应声消失。

其次，必须放下野心。如果说，你的野心是想花较少的力气获得较多的成果，那就应该下定决心反其道而行。我们需要"多付出一点努力，只获得一点点也没关系；花多点时间学习，慢一点获得成就也好；别人都完成了，我最后完成也没关系"这样的决心。如此下定决心之后，当看见较为出色的朋友、发现自己仍有许多不足时，也就不会产生任何问题，而不懂的东西只需要一再阅读就好。

当我们放下这种想走快一点、想轻松抵达终点的野心之后，实际上就能更快达到更高的目标。

例如，假设现在跟朋友一起听同样一堂课，自己尽全力学习，但后来聊天时才发现自己无法理解的部分，其他人都轻松掌握了其中的奥妙。这时，很多人都会沮丧地想："看来是我比较笨""我好像无法跟他竞争"。为了逃离这种挫败感，首先应该想的是"原来我只想付出一点努力就获得更多东西""独自学习时间较少的我、累积学习分量较少的我，会比不上其他人也是正常的，没必要平白让自己心情不好"，进而领悟到自己感到挫败是因为野心，接着坚定自己"既然有因就一定有果，虽然比别人差，但要付出比别人多好几倍的努力"的心态，就能让挫败感立刻被冲刷干净。

战胜挫败感的咒语

话虽如此，陷入挫败感的人中，鲜少有人抱着"要比别人多努力好几倍"的觉悟。而日本数学家广中平祐曾在《数学与创造》中提过同样的事情。

他就读于满是数学天才的哈佛大学，自然经常亲身体会到自己的不足，于是他干脆放弃要比别人更快的想法，而是以"比别人多花一倍的时间"为个人努力的信念，抛开野心，倾注更多努力以填补自己实力的不足，最后广中平祐荣获数学界国际级权威的费尔兹奖，成为国际知名的数学泰斗。

我同样也是通过亲身经历，了解到必须放下野心才能做得更好的道理。我持续写了好多年的博客、经营播客频道，至今累积的散文有200多篇，上传的节目共有300多集。如果我抱着以些许努力换取更多成果的野心，或焦急算计着想获得些成果的话，那就不可能在没有特别规划的情况下，长时间持续写作、经营频道，因为没有可见的成果很容易让人感到挫败。不过因为我抱着"多努力一点，少获得一些也没关系。花多一点时间学习，慢一点达成成就也没关系"的心态，所以才能在没有什么烦恼的情况下持续努力，因而能全面训练学习、写作、思考、说话的能力。

对我而言，每次遭遇挫败感的时候，我都会念这句咒语："人百己千，别人做一百次，我就做一千次。"为什么会用这句话鼓励自己呢？是因为我的一位朋友的关系。

一直以来我都有一个习惯，就是只要去朋友家，就一定会先去看他的书架，因为这样能知道他在看什么书、关心哪些事情。大学二年级时我去朋友的租屋处玩，我把视线转向书架，发现上面贴着一张纸，纸上写着"人百己千，别人做一百次，我就做一千次"。那位朋友是个很踏实、很仔细的人，几乎不会与"挫败感""精神崩溃"等词有所牵连，总是安静地读自己的书。他抛开轻易获得成功的野心，抱着要比别人努力十倍的觉悟，才能这么自然地摆出这副姿态。

人百己千。那位不在乎比别人努力十倍的朋友，24岁便通过司法考试，也是我们这群人之中最早通过的一位。每当看见比自己优秀的朋友时，每当发现自己能力不足时，每当产生"我真的做得到吗？"的挫败感时，就试着对自己念这句咒语吧："人百己千，别人做一百次，我就做一千次。"

为什么会不想学习？

"这几天只要把书放下休息，就会越来越不想坐回书桌前。这时该怎么办？请告诉我克服低潮的方法。"

"明知道该读书，可是只要想到读书，不知道为什么就会变得很不情愿。开始读书之前会看电视、玩手机、看漫画，浪费一大堆时间之后才坐到书桌前，但开始读书之后又非常专心，仿佛刚才不曾分心一样，每次总是开头最难。"

"每到考试期间，我就会很不想读书。要读的量很多，时间又很紧迫，尽早开始当然比较有利，但我总是会浪费掉好几天的时间，'死到临头'了才开始专心读书，接着就会开始可惜一开始浪费掉的那几天。我很后悔，也觉得下次考试一定要认真一点，但每次还是重复相同的行为模式。有没有从一开始就能专注的方法呢？"

由此可见，还有比不想学习更折磨学习者的事情吗？**每一个学习的人都是忍耐着不想学习的心情在学习的，只不过这种感觉有轻重之分罢了。**以前在法律界服务的前辈到学校来举办过学习方法专题讲座，现场有一位担任法官的知名前辈，他的主题是"克服低潮的方法"，在讲座的开头他就说："有在学习的各位都很清楚，低潮不是每隔两三个月才来一次，而是每天会来好几次，这才叫作低潮。"这番话令教室内的所有学生拍掌大笑。每个人都随时会有不想学习的心情，即便成绩非常好的人也一样。不需要因此立刻反省自己哪里不好、是不是有什么严重的问题，因为最大的问题其实是如何一边处理那种心情一边读书。

为什么会不想学习？为什么到了规定的时间，就无法立刻坐在座位上开始读书，总会想要逃避书本？为什么到了考试期间，要做的事情越多就越不想读书？以及，到底为什么好不容易坐下来读书了,才终于发现原本抗拒不已的书本其实还蛮值得一读的?

事实上,我们可以用脑科学的方法,来解答这些疑问。

开始学习之后,大脑会逐渐提高专注度。例如,假设现在我们打开数学课本解题,与该问题有关的神经元就会有电子信号流过,神经元之间相互联结的突触也会开始活络;即使问题很困难也不放弃,会持续跟问题缠斗。同时,随着脑内活跃的区域越来越多,若用核磁共振拍下这个过程,就会发现大脑中花花绿绿的面积越来越大。专注度若像这样持续升高,到了一个程度之后,就会有好几个神经元联结在一起,分泌出让我们感到愉快的神经传导物质,其中的代表就是多巴胺。到了这个时候,大脑的运作会变得很快,不仅能快速解开问题,还会感觉到学习的乐趣。

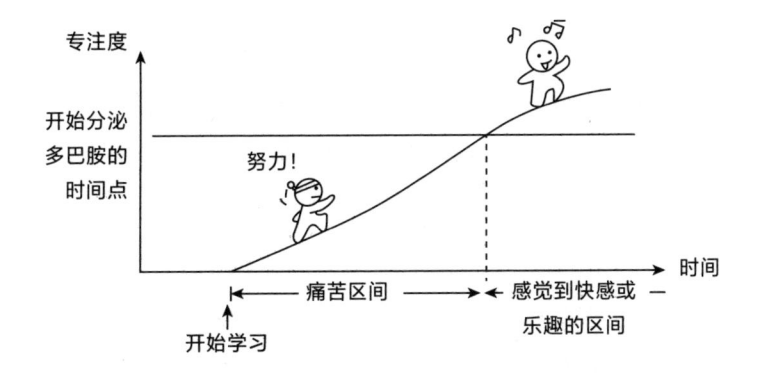

然而，其中最难的部分，是提升专注度的过程。不断提高专注度是一个非常痛苦的过程，而且在专注度达到某个程度之前，大脑是不会分泌多巴胺的。就好像必须经过难走的登山路，才能抵达开阔的山顶一样，正是这个部分让人感到不想学习。在经历低潮的那几天会不想学习，或是到了考试期间必须临时抱佛脚，却特别没有动力，也是类似的原理，因为这两者都是难以攀登的倾斜上坡路。

如何战胜不想学习的心？

首先，我们可以了解提升专注度的原理，并且运用几个要领来提升专注度。了解原理之后，即使稍有不情愿的感觉，也会更容易开始学习，因为我们知道在专注度提高之前，只需要稍微忍耐一下就好。我们需要先坐到书桌前，持续将与学习有关的刺激输入大脑，直到不愿学习的心情离开，在这之前都要持续唤醒神经元并提升专注度。

以下是几个能帮助减轻痛苦，又能提升专注度的要领。

发出声音来读书

虽然记不太清楚确切的内容了，但我记得小学时曾经读过一本叫作《把书读好的方法》的书。书中提到，发出声音来读课本，就会让人变得非常想要学习。我觉得很神奇，于是照着书上说的做，没想到真的有效。现在回想起来，那应该就是提升专注度的方法。

使用声音或影像档案接触相关内容

比起只用视觉阅读文字，这种方法会同时动用视觉、听觉等多种感官。不想学习时，光是轻松地听上课档案，就能让人产生想学习的欲望。

跟身边的人分享学习内容或进行讨论

很多企业都会在星期一早上开会，这是为了提升整个团体在周末期间降低的工作专注度。大学的时候，图书馆附近也会有一群一群的学生，在用餐时间结束后一起散步、聊天。如果不想学习，那就以学习为主题试着跟身边的人聊天："今天我要来读弹劾判决那部分了。""SWAT 分析和 3C 分析的差别是什么？"可以用这种方式轻松开启对话。不过对话不是跟学习有关的闲聊，而是要以学习内容本身为话题，这样才会有效。

不想学习时，放轻松才能走得远

除此之外，难以提升专注度时，也可以稍微放轻松一点。很神奇吧？书念不下去的时候，不是要更认真而是要刻意放轻松，如此就能战胜不想学习的心。提升专注度非常痛苦，而痛苦程度又与专注度成反比。无论是谁，解不开数学问题的时候肯定都会觉得很烦，或者都曾经历过交作业的期限明明就快到了，却没有任何进展，感到心急如焚的时刻。在这种痛苦的时刻，硬逼自己专注固然是一个方法，但一不小心就可能会因为太累而彻底放弃，放弃之后就必须从头开始。为了避免这种风险，切实提升专注度的关键要领，就是刻意让专注度爬升的曲线变得平缓。让爬升的速度变慢，痛苦就会减轻许多，痛苦减轻许多就能继续下去，也能使专注度持续提升。

然而，所谓的"放轻松"不是说完全不读书，而是指降低目标值的意思。例如，现在是进行英文阅读测验的时间，但你却很不想学习，那就把目标改为坐在座位上，读一篇英文文章就好。如果连这样都受不了，那就改成翻看过去读过的内容，从头重新读过一遍。如果连这样都嫌烦，那就干脆坐在桌前，在脑中思考现在的进度是到哪里，尝试降低自己设定的目标门槛。这样持续降低目标门槛，"不想读书"的抗拒感就会在某一瞬间消失。

事实上，我在写作时也经常使用类似的方法。不想写作时，就会用"多写一段吧，不，多写一句就好"的方式，把目标降低一些。如果连这样都受不了，我就干脆把电脑关掉，撒手什么都不管，只在脑海中构思自己该写些什么。如此一来，偶尔会再度浮现想写的动力，反而会主动打开电脑电源呢！因此，不想学习的时候就试着念这句咒语："放轻松才能走得远。"

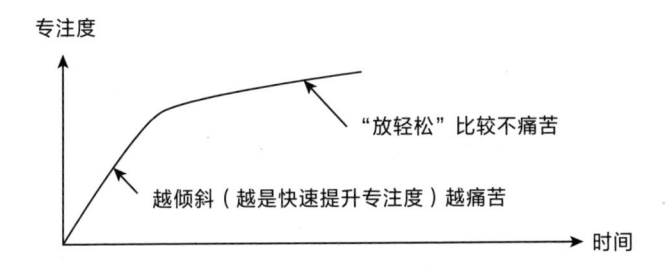

专注度

"放轻松"比较不痛苦

越倾斜（越是快速提升专注度）越痛苦

时间

每个人都有不想学习的时候，如果把这当成懒惰、意志力不足，或"还没有打起精神"的话，只会徒增罪恶感，无法好好地解决问题。即使有必须登上山顶的理由，登山仍然是件累人的事；同理，即便有学习的理由和目的，学习也并非总是轻松的。

为此，这里的重点是，如何抚慰自己不愿学习的心情，让自己在不知不觉间进入学习状态，而关键就在于"放轻松"。

只要稍微放轻松一点，不要完全放弃学习的想法就好。这样一来就能提升专注度，也能让不想学习的心情烟消云散，剩下的就是时间的问题了。越是着急就越会手忙脚乱，所以不想学习的时候，就应该刻意放慢脚步，放轻松才能走得远。

为什么会感到绝望？

"要学的东西实在太多了，每天回家都累个半死，处在什么都做不了的虚脱状态。真是没有信心保证自己能继续这样学下去。"

"第一次挑战考试的时候，下定决心只要读一年就好，但读了一点发现要读的东西实在太多了，不仅无法在一年内结束，更担心自己会不会根本无法摆脱这种生活。"

"我一边上班一边找时间读书，过着下班之后读书、睡觉，然后又要去上班的生活。我就像个齿轮一样转动，每天都过得很紧绷，真的好累。可是不学习似乎就没有未来，让我无法放弃，有没有能让自己安心努力的方法呢？"

我们要做的事情太多，所以总觉得一天非常紧凑。要读的教科书、要写的习作、要上的课，塞满了独自学习者的行程表。而这种日子短则几个月，长则可能多达数年，甚至可能是无止境的漫长岁月。要做的事情有如不止息的波浪般不断拍打海岸，当一件事情看不见尽头，人们便会陷入每天都疲惫不堪的绝望当中。

如果要处理的事情真的很多，那当然会很累。没有适当的休息时间，疲劳便会不断累积，身体状况也会变差。如果持续全身酸痛、腰痛难耐，自然会产生"真的能继续这样下去吗？"的想法。不过，如果即便面对这些状况，仍无法不做这些事，那我们究竟该怎么面对？如果无法干脆地放弃考试、无法选择自主退学、无法放弃事业与学业并重的话，那该如何抚慰这种每一天都艰苦难耐的感受？

幸好有一个诀窍能帮上忙。我们经常称我们所居住的世界为苦海，也就是充满痛苦的大海，而有一个建议就藏在那汹涌的波涛之中。从古至今，汹涌的海浪不断拍打着岸边的岩石，也让古今中外的人们感到绝望。不过有些人成功征服了起伏的浪涛，得到了成功征服这一切的诀窍，而后也有许多聪颖的人追随他们的脚步，把那些要领吸收为个人的秘诀。过往的人们在漫长岁月为穿越这片人生苦海所使用的航海技巧，至今同样对我们有用，而那个要领正是"专注于此时此刻"。

专注于此时此刻

首先，我们需要思考一下容易影响我们的错觉。就像不久前说过的，要做的事情堆积如山非常令人痛苦，肉体上的疲劳不断累积令人难受，没有时间从事那些会让自己开心的休闲生活，也让人感到难过。不过真正的问题，在于我们大部分的人所承受的痛苦超过了痛苦的真实总额。"要做的事很多"这件事，在错觉作祟之下，放大成为"每件事情都很痛苦"的绝望感，而这样的错觉其实是我们的心所编织出来的假象。

例如，假设现在有个每天要读书 10 个小时才能回家的考生。他整天埋头在一些较困难、难以理解的内容当中，为了补足学习的分量，他无法观看他喜欢的电视连续剧，整个人疲惫不堪，一回到家便倒在床上。一直到这里都是会真实发生的故事。接着这位躺在床上的考生，开始在自己的脑海中编起故事。"今天真的好累，明天也会这么累吧？看这个进度，应该连周末都没有空。本来想说忍一年认真读书就好，没想到会累成这样。我真的能撑过一年吗？真的只要一年就能结束这一切吗？如果落榜了怎么办？两年？三年？我会不会要继续过这种生活？"他每晚都在脑海中想象这样的故事情节，而这个不断重复的负面故事把一开始没有极限的意志力消磨殆尽，使他的学习能力大幅衰退。这位考生脑海中虚构的故事，经历这样的过程，逐渐成为在现实中上演的真实。从古至今，许多人都被由自己编出的故事击垮。

为什么我会说这种故事是错觉呢？因为那个故事离"此时此刻"很远。

人会使用过去、现在、未来等描述方式，无论过去还是现在，我们都会误以为是"实际存在的时间"，其实并非如此。脑中虽有过去的回忆和未来的计划，但我们能实际经历的只有现在，我们活在不间断的"现在—现在—现在"中。例如，今晚要去吃豪华西式自助餐，你或许会在白天就上网搜索西式自助餐的照片来看，并对晚餐抱持着期待。不过我们不会因为想着西式自助餐，就能实际品尝到食物的味道，因为我们无法实际经历未来。接着试着想象去完自助餐的隔天。你可以回想昨天吃过的食物，跟别人分享哪些东西最好吃、甜点如何，却无法实际品尝到食物的味道，顶多用"超好吃""有点咸"等形容方式来回想食物的味道，因为过去也无法实际经历。那么能实际用舌头品尝到食物滋味的时刻，会是什么时候呢？只有"现在"而已，也就是把食物放进嘴里咀嚼的那一刻。除了现在之外，每一刻都只存在于我们的脑海中。

所以，这位结束一天的学习回到家，在脑海里编故事的考生，他经历的"实际痛苦总量"，顶多就是"为了提升专注度而奋力前进的瞬间"所产生的痛苦，以及"肉体的疲劳或腰痛"的痛苦之和而已。可是他却回想过去的痛苦，并想象未来的痛苦，在这种遗忘"此时此刻"的情况下，他必须背负起由错觉所创造出的痛苦。通过这种方式创造出的痛苦总量，可能会变得无限大，因为在想象之中什么都有。而这也是人们会对一切感到疲倦、感到绝望的原因。

如何在不陷入绝望的情况下完成所有事？

首先，在感到绝望的瞬间，必须区分实际存在的痛苦与大脑创造出的痛苦。

从现在要解的数学问题中感受到的痛苦，是实际存在的痛苦，而腰上隐隐作痛的感觉也是实际存在的痛苦，这些都是真实的。不过，如果混入昨天的痛苦和明天的痛苦，那就是大脑编出来的故事了。我们不该把自己当下脑海中的故事，当成实际发生的事。越是乐观的人，就越容易编出比较欢乐的故事，但无论故事结局好不好，所有的故事都只是错觉。

要记得，无论你在脑海中编了个怎样的故事，那对学习实际上没有任何帮助。光是意识到那并非实际存在，而是大脑编出来的故事，就能让我们不被绝望的波浪席卷。

其次，我想再讲一件事，帮助大家了解"此时此刻"的力量。这个故事可以让我们知道，当一个普通人决定放下过去与未来并专注于现在时，就能做到任何事。

有个日本人在高中入学考试中落榜，因为他罹患了结核病，到校天数不足。而他的大学入学考试结果也不如意，没考上理想的医学院，最后只好进入家乡附近的无名理工大学就读。他的就业之路同样也是困难重重，没有任何一家大企业录用他，因为他无法与从知名大学毕业、拥有优秀学习经历的毕业生竞争，最后他在教授的推荐之下，进入一家乡下的小公司任职，但真正的挑战从现在才开始。那家公司虚有其表，是家过一天算一天、面临破产危机的公司，就连薪水都无法准时发放，要员工"再等几天"对公司来说是家常便饭。

这家公司给了他一个指令，要他去研究精密陶瓷。当时精密陶瓷属于只要开发成功，就会是极具发展潜力的产业，只是产业仍然面临几个问题。当时日本没有研究成功的前例，而这个人也对精密陶瓷一窍不通，他所就职的研究所更没有可以用于研究的设施、资金与人力。这是不是会让人很想叹气呢？朋友都感叹他真的很不走运。有能力的员工一一跳槽到其他公司，仅剩无法跳槽的员工继续上班，让这家乱成一团的公司更加混乱。当然，这个人也对公司有很多不满，是个对未来充满担忧的普通员工。无论过去、现在还是未来，都只有困苦等着他。

每天怨叹自己命苦的他，有一天突然想："如果只能做眼前的事情，那是不是专注于眼前的事情会比较好呢？"因为没有其他的路可走，所以他决定专注于眼前的事。他决定不去思考过去和未来，只专注于现在，只活在当下，而他也真的做到了这一点。他吃睡都待在研究所，并到图书馆借书来学习，还去找美国的论文来自行翻译、花自己的钱做研究，接着便发生了一件有趣的事。当他回想那一刻时，他说，真的就在那一刻之后，人生的结开始一一解开了。"我埋头工作，竟接连得到连我自己也感到惊讶的实验结果。与此同时，当时折磨我的'要不要辞职''我的未来会怎样'等怀疑和彷徨，也都瞬间烟消云散。"

他的名字是稻盛和夫，是日本备受尊崇的三大企业家之一。1959 年以 300 万日元的资本创立京瓷，后来京瓷成长为世界百大企业；1984 年创立 KDDI，并花 10 年的时间使其成为日本首屈一指的电信公司；2010 年接手经营破产的日本航空 JAL，并只花 13 个月的时间就转亏为盈，是活生生的"经营之神"。过去在痛苦之海中随波逐流的稻盛和夫，之所以能成为日本备受尊崇的经营之神，都是因为他领悟了"此时此刻"。因此，当感到一切都无比困难时，就对自己念这句咒语："此时此刻。"

最后，再次重申：学习并非易事，学习会伴随着痛苦，已有许多研究证实，学习无法如蜂蜜般甜美。不过即便如此，学习也并非我们预期的那般可怕、痛苦，就像满怀期待前往用餐的餐厅的食物并不如想象中那般美味一样。当我们做好准备去面对以为会非常痛苦的事，才发现实际上不如想象中那般难受，其痛苦的程度仅仅介于我们的期待与痛苦之间。

其实，正是因为我们将实际从学习中感受到的痛苦，与过去和未来的故事混为一谈，所以才会看不见痛苦的真实大小，我敢说这是真的。无论我们要做的事情有多少，只要专注于此时此刻，我们就不会陷入绝望，且能把所有事情做完。古往今来，有许多人凭借"此时此刻"的航海技巧，平安穿越了汹涌的大海。

本章重点

感到挫败时

- 挫败感是一种打击意志、使我们失去自信的感觉。为了让学习更顺利，必须有"我也做得到"的自信，但挫败感却是与其背道而驰的情绪，所以必须知道该如何克服挫败感。

- 人之所以会感到挫败，是因为贪欲，是因为想要成就什么的野心，以及想轻松达到目标的野心。挫败感源自想要比别人更快，在没有犯错的情况下更有效率地达到目标的野心。

- 如果想克服挫败感，就必须意识到这样的想法源自野心，并且将野心放下。放下野心，就代表放下想比别人更快、更轻松达到目标的野心。

- "人百己千"是指"别人做一百次，那我就做一千次"的意思。只要有比别人更努力的觉悟，挫败感就会消失。

不想学习时

- 不想学习，是因为提升专注度的过程非常痛苦。能带来快感的多巴胺，必须等专注度提升到一定程度之后才会开始分泌。

- 要克服不想学习的心，就必须了解提升专注度的原理，并且运用提升专注度的要领。像是出声朗读书本的内容、听音频或看影片，和别人进行与学习内容有关的对话，这样一来就能提升专注度。

- 难以提升专注度时，"放轻松"就是最好的解答。提升专注度是件痛苦的事，那份痛苦与专注度曲线的斜度成正比。让专注度曲线的攀升速度放缓，就能减轻痛苦，让自己持续学习到多巴胺分泌为止，所以放轻松才能走得更远。

感到绝望时

- 要做的事太多，力有未逮时，便容易陷入绝望之中。不过大多数的人所承受的痛苦都超出了实际存在的痛苦总量，那是因为人都会在脑海里编故事。

- 那个故事是一种错觉。虽然我们会说过去、现在与未来，但实际上能体验到的只有现在，也就是"此时此刻"而已。我们自己创造出来的过去与未来，会成为有重量的痛苦，加重现在的痛苦。

- 稻盛和夫之所以战胜了黯淡无光的现实，成为日本备受尊崇的企业家，也是因为他不去思考过去与未来，只专注于现在，专注于眼前的事情。

- 感到绝望时，便要提醒自己专注于"此时此刻"，区分清楚实际存在的痛苦与脑中虚构故事所编织的痛苦。

后　记

改变我们人生的时刻

　　这是我小学时的事情。老师每天都会出听写作业，要我们在 A3 大小的纸上写下父母念出的 10 个单词，写好 10 个单词带来学校，老师就会发放盖有"做得真好"章的色纸，集满 50 或 100 个章，就能换铅笔或笔记本等学习用品。虽然每天都有听写作业，但也有人会不写作业，所以每个人收集印章的速度都不一样。

　　某天，我拿着尺在 A3 纸上画出听写用的 10 个格子时，突然发现纸上还剩下很多空间，于是我就多画了 10 格，那天我写了 20 个单词。隔天发生了一件让我很开心的事，那就是老师给了我两个"做得真好"章。我吓了一大跳，发现"原来可以拿到两个章"！于是接下来我画了两倍，也就是画了40个格子。我一天就完成其他人要花四天才能做完的分量，于是老师就给了我三个章，我非常非常开心。我想应该是我太贪心了，接下来纸上的听写格子便一天比一天密集。我到现在还印象深刻，我用一张A3纸最多画了200个听写用的格子，在一天内完成朋友们要花一个月才会做完的分量。

小学时，我原本没有那么喜欢听写。听写考试的时候，通常十个里面会错两三个。我小时候没有特别读过学习本，只是成天在巷子里玩乐，接着上了一年的幼儿园之后就进了小学，所以不可能表现得比其他人更好。我一方面很羡慕考100分的人，另一方面也觉得能考100分很神奇。不过做了比别人多好几倍的听写之后，我开始有点不一样了，没过多久，我就几乎不会在听写考试中出错了。

一切都是瞬间发生的事。因为纸上剩下的空间太多，就把10格画成20格的瞬间，完成20题的听写后拿到两个"做得真好"章的瞬间，我付出了努力，也获得了相应的回报，这些都是成功的经验。只要努力就能进步，进步是件有趣的事，这些都是成功的经验。如果即使纸上剩下很大的空间，我仍然因为觉得麻烦而只画10格的话，或者做完20格听写后，老师仍然只给我一个章的话，或者老师或许会有极低的可能性问我"你为什么要做这么多余的事"，那么我绝对不可能自己主动完成每天40题、80题、200题的听写,甚至可能不会觉得进步是一件愉快的事,也许也不会写这本书了。

人生的改变其实就在一瞬间

在这本书中,我介绍了很多把书读好的方法。我们在讨论的,其实是让自己进步的方法。小学一年级时我所经历的那些时刻,领悟到进步是件愉快的事的时刻,都是我们能在人生的某个阶段遭遇的瞬间。那或许是我们以前曾经遭遇的时刻,也可能是未来即将遭遇的时刻,也可能遇到这本书就是你人生的转折点。如果在阅读本书的时候,你仿佛感觉到什么,也就是产生自己也能做到的想法、了解到自己错过什么、开始想跟着执行某个方法的话,那或许就是你与想进步的心相遇的时刻。而那一瞬间,或许就是永远改变我们人生的时刻也说不定。

最后,我要用德国冥想家艾克哈特·托尔(Eckhart Tolle)在《新世界:灵性的觉醒》(*A New Earth: Awakening to Your Life's Purpose*)中说的一段话,来为本书作结:

"如果你无法理解本书的内容,或认为本书毫无意义,那表示你尚未有过类似的体验。但倘若你心中某个部分对这本书的内容有所反应,若你从中发现任何真理,那就表示你已经开始觉醒。对某些人来说,阅读本书就是觉醒过程的开始。"

附　录

培养独学子女的捷径

在新冠疫情的影响下，视频授课成为日常生活的一部分；指导孩子在家学习，也成了父母的分内工作。独自学习的方法成了读书方法的核心，从学习的观点来看，这种突发的状况或许也可以是一个转机。

无论如何，所有学生开始面临不得不独自学习的课题。然而，站在父母的立场，要指导子女完成这个课题并不是件容易的事。学生在家的时间一长，父母念叨的时间也会增加，更凸显了这件事有多么困难。因此，我特别整理了父母在指导孩子读书时必须注意的七个重点。我不会说这份指南能让父母变得多轻松，因为大多都是要求父母以身作则，取代在一旁只出一张嘴。不过，即便这么做看起来很像在绕远路，但最后回过头来看，仍会发现依照这些原则反而能更快抵达终点。

父母的第一个作用是提供情绪支持

在父母能为孩子发挥的作用当中，最重要的是什么呢？除了提供吃、睡之外，父母的首要作用就是提供情绪支持。所谓的情绪支持，是指相信孩子、为孩子加油、表达对孩子的爱等。你或许会想："为人父母，这不是理所当然的吗？天底下哪有不这么做的父母？"不过实际的言行可能与想象有一段差异。

例如，上视频课的孩子待在家里的时间变长了，看见孩子上网课的状况之后，父母就会逐渐注意到他们没能符合自己期待的模样。像是不时打瞌睡、开着影片做其他事等，或者孩子们会在接近上课时间才拖拖拉拉地登录网站，表现出一副爱听不听的样子。看到这些情况，父母便会开始担心，而担忧将演变成唠叨，唠叨的次数一多，便会让人感到烦躁且愤怒。很多人甚至会说，很希望孩子干脆到学校去上课，这样自己就不会看见他们的那副德行。

当然，身为对孩子有所期待的父母，会因此感到担忧与烦躁是正常的。不过仔细想想，孩子在上视频课时打瞌睡、分心，真的是因为没到学校上课吗？送孩子去学校或补习班，他们就会像父母期待的那样,打起一百二十分的精神上课吗?不会。通常在家是什么样子,在外面就会是什么样子。如果没有内在的动机驱使他们学习,大多数的学生便是这样的,差别只在于有没有被父母看见而已。

而当这些担忧与烦躁脱口而出成为唠叨,那么提供情绪支持这个作用就会彻底消失,父母反而成为带来学习压力的存在。问题就在这里,来自学习之外的压力都会妨碍学习。假设现在你在厨房里做菜,放在灶旁边的抹布突然着火了,这时你还能继续做菜吗?当然不可能。你会放下手上的所有事情先去救火;我们的大脑也是这样。

学习就是做菜,火就是压力,就像我们会停止做菜先去救火一样,大脑也会停止学习去对抗压力。人人都有过怒火中烧时无法专注地处理手上事务的经验。当孩子认为唠叨的父母是压力来源时,孩子的大脑就会为了灭火而无法思考学习的事,请务必将这点铭记在心。

但我也不是要父母完全不要提跟课业有关的事,**应该在充满爱的情绪下提出建议。情绪不会骗人**。孩子可以直观地感受到,父母的话是出自担忧与烦躁的唠叨,还是基于情绪支持的爱的建言。如果感觉自己想要发牢骚,那应该先停下来梳理自己的情绪才对。反正发牢骚没有效果,只是让抹布着火而已。应该在自己的心情恢复平静之后,再和孩子进行真挚的对话。

无论相同的话重复 10 次、20 次，甚至是在这之上的次数，情绪的支持都绝不能发生动摇。

提问引导，帮助子女想象目标

目标导向机制是一种让我们花费最少的努力，却能最有效地达到目标的内建系统。我们能通过写下目标、反复阅读、想象画面、早晚坚定决心等多个方法，刺激这个机制变得更加活跃，并引导自己朝目标迈进。

不过小孩和成人不同，因为他们观察自我想法的后设认知较不发达，也就较不容易赋予自己动机。如果想意识到"现在我拥有的动机"与"我最好可以拥有的动机"之间的差距，并且借着不断提醒自己要达成的目标以缩短此差距，就会需要一定的后设认知。

这时，父母充满智慧的协助就能带来很大的帮助，尤其是"提问的力量"非常有效。我们的大脑天生喜欢玩乐，具备玩问答游戏的结构，这使我们会对没什么意义的猜谜游戏产生兴趣，也是为什么"××之所以受欢迎的三个原因"这种新闻标题，会比直接把答案写出来的新闻标题更受欢迎。

那么具体来说，应该怎么做呢？首先，应该完整理解本书所介绍的目标导向原理，再以此为基础随时丢出各式各样的问题，帮助孩子想象自己的目标。无论目标是什么都好，比如孩子的理想职业、希望实现的梦想，如果还没有这些目标，那也可以用"成为这样的人应该很不错吧"等方式引导他们。要注意的地方是，如果孩子有自己的梦想，那就不能忽视他们的想法，硬是逼迫他们去做父母希望他们从事的职业。情绪的作用，会使目标导向机制发挥更大的效果，所以想象目标时，必须感到雀跃、愉快。父母应该仔细观察孩子对什么有兴趣、在想象怎样的未来时会感到雀跃，再来决定合适的目标。

决定好目标之后，就可以随时丢出问题，刺激孩子对目标的想象。例如，孩子想成为机器人科学家，就可以问"今天学的东西会对做机器人有什么帮助呢""如果能做一台帮忙做菜的机器人，那它会是什么样子的""想成为优秀的机器人科学家，那应该进哪所大学才好呢"等与目标相关的问题。

提问能帮助孩子想象，重复想象就能使原本存在于表意识的目标，进一步深化成为潜意识的目标。当目标深化到潜意识之后，孩子就会表现出积极学习的姿态。

以"努力"取代"资质"

"天生的资质"近乎一种神话，如果想要达成的目标并不是世界级的丰功伟业或足以名留青史的成果，而是获得好成绩或通过特定考试的话，就更是如此。在学习这件事情上，最重要的是充分的努力与正确的方法，所以不需要考虑自己是否拥有天生的资质。可惜的是，许多孩子仍根深蒂固地相信"天生的资质"这个观念，并且下意识地受到这个观念影响，限制了自己的可能性。为什么会这样？因为父母、老师甚至是身边的朋友，都同样受到"天生的资质"观念的影响。

被"天生的资质"观念影响的孩子，在没有得到理想结果时，就会将原因归于资质不佳，而这也就代表孩子不会付出充分的努力、使用正确的方法来改进自己的缺失。孩子心中已经有了"我认真过了，反正我就是不行"这样的想法，而这个想法会在他们遭遇较困难的科目，或是遇到想放弃的单元时，让他们毫不犹豫地俯首称臣。一开始就抱持着自己没有数学才能的想法，那要怎么有毅力地坚持到最后呢？大家总开玩笑说自己是从小学开始就放弃数学的"数抛人"，但现在放弃数学却逐渐变成现实，这也是源自认为自己没有数学才能的想法。

父母应该对孩子强调的不是资质，而是努力。首先，父母应该先改正自己对"天生的资质"的想法。父母不该对孩子使用"因为资质好"或"因为资质不好"，以及"你有××的资质"等方式说话，至少在学习上不该这样。看见一个人获得出色的成果，父母应该关注对方所付出的努力，应该有意识地找出那个人使用超越一般人努力的方式非常认真地接受训练，并且将这样的观察结果与孩子分享。通过这样的观察，帮助孩子建立"努力＝结果"的观念，这样一来也让孩子认为即使发现了自己的不足之处，也可以通过努力克服。

称赞的方式也一样重要。父母必须注意，该称赞的不是结果或资质，而是孩子所付出的努力。如果看见孩子花费超过一小时的时间解一个非常困难的题目，或是比平时更加认真学习的话，那即使孩子最后没能答对那个问题或是进度较为缓慢，也应该称赞孩子付出的努力。不断重复这样的称赞，就能让孩子养成努力的习惯，而这也会成为他们持续停留在成长领域的动力。独自学习的关键，就是最大限度地延长停留在成长领域的时间。

培养运动习惯

当我强调想把书读好，就必须搭配运动时，最常听到两个问题：第一是没有时间运动；第二则是运动完会很累，完全没办法学习。

首先，提出第二个问题的人，通常都是下定决心要运动，买了游泳或普拉提等课程，再不然就是很久才从事一次踢足球、登山等高强度运动，然后休息很久。这个问题的答案很简单，就是有运动习惯的人即使做很累的运动，也不会对学习造成什么影响，但这种运动对几乎不做运动的人来说当然会很累。

定期的运动课程也好，高强度的运动课程也好，如果是为了学习而开始运动，那就应该从15～20分钟的简单伸展或有氧运动开始，也就是要"做一点点运动"的意思。这点程度的运动不会累、不会影响学习，更能让你体验到活络大脑的效果。

接着来看没时间运动的问题。会问这个问题的人，大多都是还没感觉到运动效果的人。这时亲身体验效果是最快的捷径，而我建议的方法就是做"国民体操"。当书读到一半，觉得专注力下降时，就打开视频网站找国民体操视频，专心重复5分钟长的视频两次，这样刚好10分钟，是额头会稍微流一点汗的程度。接着坐回书桌前，继续刚才读的内容。这样你就会感觉和10分钟前截然不同，感觉头脑变得非常清晰，专注度也大幅提升。

若想让孩子了解运动的效果，父母最好也能一起重复这个体验。方法如下：

孩子在学习时，父母在一旁看书或一起学习。当孩子出现专注力下降的迹象时，就提议："书读了这么久，感觉身体好迟钝哦，要不要一起做体操？"自然地引导孩子运动。做完约10分钟的体操之后，再坐回桌前继续学习，并问问孩子动一动身体之后有什么感觉、专注力有没有什么改变。如果只尝试一两次，没感觉到运动的效果，那也不要太焦急。就像吃昂贵的补品，身体也不会在一夜之间就变好一样，但只要持续尝试，就一定能看到效果。**专注力下降时便简单运动一下的习惯、通过运动维持最佳状态的习惯，是独自学习的必备品。**手上没有运动这把钥匙的人，在专注力下降时，更容易转而跑去玩游戏、浏览社群、看视频网站，所以运动习惯实在是不可或缺。

与孩子一起"玩"出专注力

唠叨的父母和提供教导的父母，两者之间的差异就在于能否提供合适的方法。指责孩子"你就不能耐心地坐着吗"就是唠叨，告诉孩子如何能在书桌前坐得更久就是指导。为了增加学习分量的绝对值，必须拉长坐在桌前的时间，同时还必须注意避免专注力下降。父母可以用类似游戏的方式，和孩子一起努力。

首先，看看现在孩子能维持专注力坐在桌前的时间有多长。这是指他们能不分心做别的事、不会坐立难安、不表现出无聊的样子，只专注在眼前课业上的时间。考虑到学校的上课时间，一般都会建议维持40～50分钟，不过以现实情况来说，有大半的孩子都无法专注这么久。但也没关系，只要能花10分钟、15分钟坐在桌前就不需要太担心。如果现在维持专注力的水平只有10分钟，那就从这里开始。

目标要比现在的水平稍微高一些。例如，能专注10分钟的孩子，就将目标定为15分钟。开始学习之后，就将闹钟调成15分钟，就像运动选手跑步一样，以玩游戏的感觉跟孩子约好，在闹钟响之前都要专注于学习。这时父母也要在旁边当陪跑者，与孩子一起专注，读书或学习都好。过了15分钟闹钟响起后，要像一起尽全力维持专注，在闹钟响起的瞬间终于通过终点线一样，"呼"地大叹一口气放松紧绷的情绪。接着稍微休息一下，然后重新开始游戏，当然休息时最好可以一起做体操。

这样多次重复，熟悉15分钟的游戏之后，就可以将时间延长为20分钟，接着依序增加为25、30、35分钟。用这种方式有计划地训练专注力，每一小时学习的分量会比漫无目的的学习要多上许多。而且像在玩游戏一样跟父母一起学习的时间增加时，孩子也会产生竞争意识，进而促使他们更加专注。不久之后，说不定会是孩子先发现父母亲的专注力下降，反过来提醒父母要专心呢。

提高对电子产品的控制力

令父母头痛的物品当中，最棘手的就是包括智能手机在内的电子产品。每次看到沉迷于游戏、视频，不知不觉浪费掉许多时间的孩子，都会感到生气，但学校作业、公告事项也必须通过通信软件的群组分享，因此从现实层面来看，也不能不买智能手机给孩子。电子产品转移孩子注意力的能力比电视等其他物品更为强大，甚至有专家用"拿起智能手机的瞬间，一切都完蛋了"这种极端的形容，来描述电子产品的影响。

为什么呢？是因为带来快感的神经传导物质多巴胺。大脑在感应到新东西时也会分泌多巴胺，但熟悉的事物不会刺激多巴胺分泌。这也是为什么开始上课的头 5 分钟，大家的眼睛都炯炯有神，但时间一久专注力便会逐渐下降，或是第一次到海外旅游时会非常兴奋，但多次出游之后感觉便逐渐迟钝。那么电子产品呢？电子产品会不断带来新的刺激，让人丝毫不感到无聊。所以现在除了以影片为主要内容的视频网站之外，提供 15 秒短视频的抖音，用户数量也在快速增长当中。

问题是，以这么短的时间为周期提供刺激，并且熟悉这个模式带来的多巴胺的人，会失去深入思考的能力。我们的大脑会逐渐变成若没有立即获得回报（多巴胺）便无法坚持下去的状态，进而无法专注于阅读、花费时间解困难的数学问题，也就是学习的大脑遭到破坏。

所以我们只能把重点放在如何将伤害减到最低，并且强化对这些电子产品的控制力上。很多父母都会使用规定游戏时间等最基础的方法，不过为了进一步强化控制力，还可以尝试其

269

他事情。那就是当孩子用安装有通信软件的计算机上课时，应该退出通信软件，也就是说干脆避免被任何通知打断的情况发生。光是随时都可能有刺激进来这一点，就会持续用掉大脑一定程度的注意力。就像把计算机程序的窗口隐藏起来，在待机画面上完全看不见任何作业中的程序，但只要启动就会占用计算机存储器一样。

在已经严重依赖电子产品，难以短暂与其分离的情况下，则建议进行对电子产品的"暂停练习"。这个练习的重点在于设定5分钟的闹钟，玩游戏或看视频看到一半，若闹钟响了就应该立即停下来，并且用书本或是作业等待办事项取代电子产品，让孩子能立刻转换心态。多次重复这个练习，就能渐渐培养出孩子控制电子产品的能力。

身教重于言教

孩子会模仿自己所看到的。他们不会听从父母说的话、父母的心、父母的想法，而是会模仿父母的行为。若希望孩子运动，那首先必须成为有运动习惯的父母；若希望孩子心平气和，那首先必须成为心平气和的父母。我在讲座或接受咨询时，经常遇到喜爱读书、对学习充满兴趣的父母，而他们的子女都十分享受学习。反而是有几个因为自己读书读到太晚，没能好好照顾身为考生的孩子而感到抱歉的家长，表示孩子靠自己的力量，轻轻松松就考上了顶尖大学，这真的令我印象非常深刻。这种例子对整天跟在孩子后面，全神贯注地查找大学入学考试与补习班信息，但孩子的成绩却不如预期，因而感到难过的父母来说，可以说是非常新鲜的情况。

不过思考一下原理就会发现，这是很正常的事，所以学习其实就是孩子的天性。父母专注于自己的课题，孩子就会模仿并主动学习，不需要念叨"要用功读书才能过得幸福"，只需要让孩子看见自己在学习过程中感到幸福的模样就好。和有目标、专注、利用零碎时间学习的父母一起生活的孩子，会不模仿自己的父母才是一件奇怪的事吧？

不过这里的前提是必须有良好的亲子关系。因为觉得跟父母的关系很亲近，孩子才会想变得像父母。如果亲子关系不佳，孩子就会想反抗父母，并且做出完全相反的行为。这也是为什么我会说独自学习指南的第一个要领，就是提供情绪支持。父母专注于自己的课题时，也要给孩子提供完善的情绪支持，这是在学习过程中父母所能做的最重要的事。

希望各位能阅读这本书，熟悉独自学习的技巧，然后无论学习的课题是什么都好，父母应该主动先开始学习。成年之后要投资学习，总会让人稍微感到迟疑，所以比起去上补习班，大多数的人更有可能选择独自学习，但这反而是好事。就像只有会开车的人才能教别人开车一样，只有懂得如何独自学习的父母，才能引导孩子独自学习。没有亲身体验过多次重复就一定能熟记、停留在成长领域当中实力便能快速提升、专注度提升便能感到快乐等情况，要怎么有自信地教导孩子做这些事呢？这就是在告诉我们身教重于言教的重要性。教导孩子独自学习方法的捷径，就是父母主动实践独自学习。